MAPPLE まっぷる 哈日情報誌

上高地 乘鞍 奧飛驒溫泉鄉

CONTENTS

DIGJAPAN……

特別附錄

正面 上高地 健行路線MAP &
背面 上高地周邊 行程規劃MAP

P.4 一定要去看一次！絕景導覽

上高地……P.4 ／ 乘鞍……P.8 ／ 奧飛驒溫泉鄉……P.10 ／ 白骨溫泉……P.11

P.12 旅行計畫 提案介紹

上高地&周邊地區導覽……P.12 ／ 上高地地區全圖……P.14 ／
衣著&季節快速導覽……P.16 ／ 交通情報快速導覽……P.18 ／ 標準行程導覽……P.22

上高地……P.25

- 26 上高地是這樣的地方
- 28 上高地健行路線導覽
  - 大正池→河童橋 路線……P.28
  - 河童橋→明神橋 路線……P.32
  - 明神→德澤・橫尾 路線……P.36
- 38 健行後的美食享受！度假村午餐
- 42 在飯店的咖啡廳享用 豪華甜點
- 44 上高地的 伴手禮
- 46 嚮往的 山岳度假勝地住宿
- 52 新島島&澤渡 的停留景點
- 54 上高地&澤渡的 住宿資訊看這邊

奧飛驒溫泉鄉……P.55

- 56 奧飛驒溫泉鄉是這樣的地方
- 58 奧飛驒溫泉鄉的 溫泉導覽
  - 平湯溫泉……P.58   福地溫泉……P.59
  - 新平湯溫泉……P.60   栃尾溫泉……P.62
  - 新穗高溫泉……P.63
- 64 嚴選旅宿in奧飛驒溫泉鄉
- 66 新穗高高空纜車
- 70 奧飛驒溫泉鄉的 伴手禮

乘鞍……P.71

- 72 乘鞍是這樣的地方
- 74 乘鞍健行路線導覽
  - 一之瀨園地 路線……P.74
  - 疊平・花田 路線……P.76
  - 乘鞍岳（劍峰）路線……P.78
- 80 乘鞍高原午餐
- 82 乘鞍高原的 戶外活動體驗
- 83 乘鞍高原的 伴手禮
- 84 魅力滿點的 高原旅宿

白骨溫泉……P.89

- 90 白骨溫泉是這樣的地方
- 91 乳白色的溫泉旅宿
- 94 不住宿露天浴池特集！
- 95 白骨溫泉漫步之旅& 伴手禮

交通指南……P.96   INDEX……P.103

MAP
- 上高地地區全圖……P.14
- 新島島……P.52   澤渡……P.53
- 奧飛驒溫泉鄉／平湯／栃尾……P.68
- 新穗高／新平湯・福地……P.69   乘鞍……P.86
- 乘鞍高原……P.88   白骨溫泉……P.95

請詳細閱讀下列事項

本書刊載的內容是2017年8月～2018年2月採訪、調查時的資訊。本書出版後，餐飲店菜單、商品內容和費用等各種資訊可能會有異動，也可能會因為季節性的變動、臨時公休等因素而無法利用。因為消費稅的調高，各項費用可能會有所變動，因此會有部分設施的標示費用為稅外的情況，消費時請務必先行確認。此外，因本書刊載內容而衍生的糾紛和損害等，敝公司無法提供補償，敬請見諒。
各項資訊之刊載規則如下，使用前請先閱讀確認。

●本書中的下列符號，標示以下內容。

景點　玩樂　美食　咖啡廳　購物　溫泉

✆=電話號碼　本書標示的是各設施的洽詢電話，可能並非為當地使用的電話號碼。使用導航系統查詢位置時，可能會顯示不同場所，請特別留意。
🕐=營業時間、開館時間　標示實際可利用的開館時間和營業時間。若有最終點餐或最終入場時間則以〔　〕標示。
🈺=公休日　原則上只標示公休日。臨時店休、盂蘭盆節、過年期間等特別休假不予標示。
IN OUT=CHECK IN・OUT　標示CHECK IN／OUT的時間
📍=所在地址　標示設施的地址。省略都郡、甲、乙、丙。
🚃=交通方式　標示從最近車站及巴士站出發的所需時間。巴士、計程車等交通工具的所需時間會因交通狀況而有所變動，因此標示時間僅供參考。
¥=入館、入浴、住宿費用　原則上標示中學生以上的一般費用。
P=停車場　標示設施的專用停車場。簽約停車場可停的一般車輛數。
🛏用於住宿設施時，表示房間數。
♨用於住宿設施時，表示是否可以外來入浴。

關於住宿設施
【住宿費用】
●原則上標示該旅宿最多房型的1泊2食、2人住宿時1人的所需費用。
●如果是以房價計算，則以單人房、雙床房標示。
●住宿費用有變更的可能，預約時請務必確認。
●有附2食或附早餐時，則標示旅宿設定的一般料理費用。視料理內容而異，可能會高於所標示之住宿費用，預約時請務必確認。
●費用為含稅費用。需另外支付服務費時，會標示（服務費另計）。此外，入浴稅視情況需另外付費。

關於本書介紹
上高地、乘鞍、奧飛驒溫泉鄉是日本首屈一指的山岳度假勝地，因此登山步道整備完善，乍看之下很像一般的遊步道。可是此處為海拔1500～3000m的高地，氣候變化和體力消耗程度和平地不同，輕率的行動很有可能會造成意外。本書中介紹的是不分男女老幼都能輕鬆玩樂的區域和路線，但「明神→德澤、橫尾」（P.36～37）、「乘鞍岳（劍峰）」（P.78～79）中介紹的路線，則需要萬全的裝備和知識才能前往。

雄偉的山脈和清流療癒人心，
日本首屈一指的山岳度假勝地

上高地

かみこうち

P.25

壯麗的穗高連峰、清澈優美的梓川、夢幻的大正池和明神池、充滿大自然氣息的原生林等，景緻迷人的上高地，已發展成為山岳度假勝地。真想來這裡登山健行，好好享受一段美好的悠閒時光。

最佳季節
5月下旬～6月上旬：新綠
7～8月：花
10月上旬～下旬：紅葉

北阿爾卑斯山交織而成的美景

絕景導覽

一定要去看一次!

以日本數一數二的山岳度假勝地聞名的上高地，以及延伸於名峰乘鞍岳山腳下的乘鞍高原，都是遙望北阿爾卑斯山的穗高連峰和乘鞍岳的絕佳景點。附近湧出的乳白色名湯・白骨溫泉以及奧飛驒溫泉鄉都是能夠仰望群山的溫泉勝地。以下將介紹由連峰山脈打造出來的絕佳美景。

北阿爾卑斯山突織而成的美景

一定要去看一次！

絕景導覽

➡讓人感受到大自然的美麗與驚奇的景點

佇立的枯木
形成如畫般的夢幻之池

大正池 →P.29
たいしょういけ

1915（大正4）年因燒岳火山爆發而形成的大正池，枯木佇立於水面上的景象，訴說著當年在一夜之間遭水淹沒的情景。在清晨朝霧籠罩下的池面也相當夢幻美麗。

⬅水溫始終維持在6℃的清水川，河邊吹拂的風清涼又舒爽

➤**不可錯過！**

清水川&梓川
しみずがわ&あずさがわ

流經上高地中心的梓川源自於槍岳。河水清澈見底，透明度高。有湧泉流入的清水川（→P.35）水質清澈甘美，也被用來當作上高地的飲用水。

➤河童橋下流經的是閃耀著翡翠綠水光的梓川

⬇水面呈褐色是因為河底有砂土堆積的緣故

橫跨於梓川之上的吊橋，
是上高地的象徵

河童橋 P.30
かっぱばし

橫跨於梓川之上的河童橋是上高地頗具代表性的知名景點，曾在芥川龍之介的小說《河童》中登場。站在日本落葉松建造而成的長約36m的吊橋上，面朝上游可遠眺穗高連峰，面朝下游則可觀賞燒岳奇景。

⬆推薦季節為穗高連峰還留有殘雪的新綠時期（5月下旬～7月中旬）

逐漸濕原化的靜謐之池

田代池 →P.29
たしろいけ

由霞澤岳等的伏流匯聚而成的淺池。因為有地下湧泉之故，水溫維持在一定溫度，夏天池水冰涼，冬天也不會全面結冰。由於有泥沙流入的關係，使得田代池的的面積正逐年縮小。

位於穗高神社神域的
神聖之池

明神池 P.33

みょうじんいけ

明神池為一之池和二之池所構成的葫蘆狀水池總稱。由於穗高神社奧宮位於明神池畔,因此也被稱為「鏡池」、「神池」。從池中可看見山貌尖聳的明神岳。

⬆清澈的一之池中可看見岩魚悠游的身影

⬆出現在樹林當中的穗高神社奧宮鳥居

日本阿爾卑斯的總鎮守

穗高神社奧宮

ほたかじんじゃおくみや

位於長野縣安曇野市的穗高神社奧宮,是日本阿爾卑斯的總鎮守,祭拜的是海陸交通的守護神穗高見命。嶺宮供奉在奧穗高岳山頂。

→ P.33

⬆有許多健行者和登山客會前往參拜

讓五感變得更敏銳的散步道

梓川右岸步道 P.33

あずさがわうがんほどう

梓川右岸步道是河童池前往明神池的健行步道。高低起伏的木棧道方便好走,原生林和小溪流中綠苔滿佈,可一邊欣賞一邊享受森林浴。

⬅也可聆聽森林小溪的潺潺流水聲

可遠望六百山,百花盛開的濕原

岳澤濕原 → P.32

だけさわしつげん

⬆從甲板遠望六百山

從河童橋往明神方向步行15分鐘,便是一片湧泉形成的濕原。6〜7月會有北萱草和蓮華躑躅為濕原周邊點綴繽紛色彩,歡迎在這個時期前來遊玩。

↑登山基地德澤露營區裡並列著色彩繽紛的帳篷

北阿爾卑斯山交織而成的美景
一定要去看一次！
絕景導覽

春榆樹木零星分布的草原

德澤 →P.37

とくさわ

德澤草原是前往北阿爾卑斯山的登山基地，以前曾是牧場。建於此處的「冰壁之宿 德澤園」是井上靖的小說《冰壁》中故事發生的舞台，因此相當有人氣。

↑5月中旬曾有鵝掌草群生盛開

↑也可在「冰壁之宿 德澤園」的食堂稍作休息

明神岳

↑越過明神橋遠眺明神岳的角度也相當壯麗

可眺望雄偉的明神岳，視野超群的橋

明神橋 →P.34

みょうじんばし

橫跨於梓川上游，作為河童橋～明神橋路線折返點的橋。可遠眺名峰・明神岳，景色壯觀優美，是拍攝紀念照片的人氣景點。

↑小梨平等處常見的日本落葉松紅葉將山中染成一片金黃

↓覆蓋於梓川右岸步道的東北紅豆杉大樹

↑在大正池和梓川經常可見的綠頭鴨

↑在上高地還可看見野生猴子

↑盛開於上高地LEMEIESTA酒店前的石竹花

↑從7月中旬開到8月上旬的當歸花

◈不可錯過！◈

上高地的動植物

以限制私家車通行來保護大自然的上高地，有分布於原生林中的巨木和腳邊可愛的花草、優雅徜泳的綠頭鴨和鴛鴦、發出悅耳美聲的野鳥等，請時而停下腳步，感受上高地的氣息吧！

乘鞍

のりくら

從海拔1500m的廣闊高原、豪邁奔放的瀑布到海拔3026m的山頂，可觀賞到千變萬化的景色

延伸於名峰．乘鞍岳山腳下的乘鞍高原，可健行、巡訪瀑布或是溯溪。可進行的休閒活動相當多樣。也可以從海拔2702m的高山植物寶庫。疊平前往乘鞍岳，享受登山樂趣。從山頂遠眺的日本知名群山，景色絕倫。

↑乘鞍三瀑布中規模最大的番所大瀑布（→P.83）

豪邁地傾瀉而下
乘鞍高原代表性的三大名瀑

乘鞍三瀑布

のりくらさんたき

落差40m、寬度15m，最具魄力的番所大瀑布、可從兩個地方遠眺的善五郎瀑布、獲選為日本瀑布百選的三本瀑布，是乘鞍高原必訪的前三名瀑布。在巡訪瀑布的同時，也可順便享受散步之趣。

↓從瀧見台看過去的善五郎瀑布。
後方可看見乘鞍岳（→P.75）

→如熔岩滑落般傾瀉的黑澤瀑布。三本瀑布為三條瀑布的總稱（→P.72）

最佳季節

7～8月：高山植物
9月下旬～10月下旬：紅葉

↖樹林、群山和天空全映照在如鏡子般的水面上，看起來美不勝收

一之瀨園地

いちのせえんち

巡訪水池和瀑布的
花開健行步道

位於乘鞍高原正中央、海拔1500m的一之瀨園地，有白樺林、水池和瀑布分布於此。此處有完善平整的遊步道，約2小時30分鐘便可環繞一周。周邊還有自行車道。

→將一之瀨園地染成紅色的蓮華躑躅。賞花季為6月中旬～下旬

為海拔2700m的高地點綴色彩的花田

疊平
たたみだいら

→ **P.76**

從乘鞍高原和平湯溫泉搭乘接駁巴士就能前往的疊平，為乘鞍岳登山的入口。除了登山客之外，為了欣賞高山植物而前來花田散步的遊客也不在少數。7月中旬～8月上旬為賞花季。

←可從環繞花田的木棧道上欣賞高山植物

〜不可錯過！〜

疊平的日出

乘鞍高原和平湯溫泉有開往疊平的「御來光巴士」（→P.78）。如果要在乘鞍住宿的話，非常推薦早起看日出。登上大黑岳和富士見岳，欣賞宏偉壯觀的日出吧！

⬆乘鞍Echoline的紅葉。因限制私家車通行，可搭乘巴士欣賞紅葉

←值得一大早爬起來看的日出

〜不可錯過！〜

乘鞍的紅葉

9月中旬乘鞍岳大雪溪的合花楸就會開始出現紅葉。疊平附近會在9月下旬～10月上旬迎來紅葉季，高原會在10月上旬開始染上色彩。因為海拔差距的關係，有一個月的時間可以欣賞到紅葉。

⬆從乘鞍岳山頂幾乎可將北阿爾卑斯山的全貌盡收眼底

⬆從富士見岳山頂看到的主峰——劍峰。前方有雪溪殘留的不消池，看起來神祕感十足

從3000m級的名山眺望四周的大環景圖

乘鞍岳
のりくらだけ

→ **P.78**

被選為日本百大名山的乘鞍岳（劍峰），海拔3026m，由於出發地點在海拔2702m的疊平，因此較容易登爬。從山頂可遠眺群山交織而成的壯觀景緻，是給登上山頂的人的絕佳獎勵。

↑可就近感受溪流的新穗高溫泉
（→P.57）的混浴露天浴池

野趣盎然的
新穗高溫泉浴池
大露天浴池 P.63

だいろてんぶろ

位於奧飛驒溫泉鄉最深處的新穗高溫泉，有許多設有大露天浴池的旅宿，野趣十足。流經新穗高溫泉附近的蒲田川沿岸有很多大露天浴池，可遙望群山和清流，享受開放式浴池的樂趣。

↘ 不可錯過！

位於大自然中的足湯

溫泉流量充足的奧飛驒溫泉鄉，到處都有足湯可以浸泡。除了可遠眺群山浸泡的足湯之外，在商店門口、平湯巴士總站、新穗高高空纜車乘車處都設有足湯，可以盡情享受奧飛驒的溫泉樂趣。

↑海拔1308m的新穗高高空纜車白樺平站前的足湯（→P.67）

→栃尾溫泉中，位於綠意盎然的河川公園裡的螢之湯（→P.62）

↑水明館 佳留萱山莊（→P.65）的混浴大露天浴池約有250張榻榻米大

搭乘雙層高空纜車在空中散步
新穗高高空纜車 →P.66

しんほたかロープウェイ

高空纜車連結位於山腳下的新穗高溫泉站和海拔2156m的西穗高口站。山頂展望台在放晴時，可眺望槍岳、笠岳等雄偉的北阿爾卑斯山脈。

↑乘坐日本唯一的雙層高空纜車，前往可看到絕景的山頂展望台

位於北阿爾卑斯山間、
風格獨特的5座溫泉地
奧飛驒溫泉鄉
おくひだおんせんごう
→P.55

平湯溫泉、福地溫泉、新平湯溫泉、栃尾溫泉、新穗高溫泉──聚集了5大溫泉的奧飛驒溫泉鄉，有開放的大露天浴池，也有古民宅旅宿的木造浴池，是進行溫泉巡訪的聖地。新穗高高空纜車的絕景空中散步也樂趣非凡。

最佳季節
5月：新綠
10月上旬～下旬：紅葉
12月下旬～2月：冬日祭典

可感受四季更迭、湧自山中的混濁乳白色名湯

白骨溫泉
しらほねおんせん

→P.89

從海拔1400m的深山中湧出的乳白色湯泉——白骨溫泉。據說從鎌倉時代便已有溫泉湧出，是個歷史悠久的溫泉地。泉水呈弱酸性，溫和不刺激肌膚，也可飲用。在溫泉旅館裡還可品嘗溫泉粥當早餐，盡情享受溫泉樂趣。

全國的溫泉迷爭相來訪，令人嚮往的純白色湯泉

乳白色的溫泉
乳白色のおんせん

→P.91

白骨溫泉自古有「泡湯三天，三年不會感冒」的傳言，尤其對治療腸胃病特別有效。泡湯旅館的大露天浴池雖然是混浴，但貼心的準備讓女性也能輕鬆入浴。

泡湯旅館的混浴大露天浴池，是白骨溫泉頗具代表性的露天浴池（→P91）

↑白骨溫泉的浴池上覆蓋著溫泉成分的結晶，因此湯泉和浴池都是白色的

→小梨の湯 笹屋（P.92）的浴池，可在大自然的包圍下入浴

↓大量的日本落葉松、楓樹和蒙古櫟，將10月的群山染成一片黃色和紅色

最佳季節
7～8月：夏季溫泉
10月中旬～下旬：紅葉

◈不可錯過！

溫泉街的四季

被大自然包圍的溫泉街，無論哪個季節前來都能療癒人心。新綠盎然的春天、夜風涼爽的夏天、群山染上金黃色的秋天、雪景宛如水墨畫的冬天，令人不禁想要數度來訪。

↑被白雪覆蓋的寂靜溫泉街，可享受賞雪溫泉之樂

上高地&周邊地區導覽

景點豐富的上高地、奧飛驒溫泉鄉、乘鞍、白骨溫泉，接下來要一併介紹這四個區域的玩樂方法和交通路線的起點。先來看看幾個想去的區域吧！

一目瞭然 旅行計畫 提案介紹

被穗高連峰等名峰包圍的山岳度假勝地「上高地」、露天浴池天國「奧飛驒溫泉鄉」、涼爽的高原度假勝地「乘鞍高原」、令人嚮往的乳白色名湯「白骨溫泉」等，這一帶擁有許多能夠享受大自然的知名景點。不妨以上高地為中心，一起來規劃旅遊行程吧！

上高地 (かみこうち) P.25

位於海拔1500m處，眺望穗高連峰的景觀美不勝收，是日本數一數二的知名度假勝地。另外還有橫跨於清流‧梓川上的河童橋和夢幻的大正池，知名景點多不勝數。遊步道整備完善，可前來健行遊玩，欣賞絕美的自然景色。

日本引以為豪的
山岳度假勝地

→可在上高地的飯店享用美味午餐

↑河童橋和穗高連峰是上高地的代表性景觀

想在上高地做的事！
● 前往嚮往的河童橋，愉快地健行 …> P.28‧P.32‧P.36
● 品嘗山岳度假勝地的午餐＆甜點 …> P.38‧P.42

乘鞍 (のりくら) P.71

延伸於名峰乘鞍岳山腳下的高原

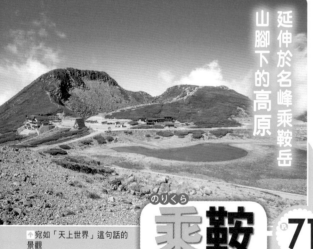
↑宛如「天上世界」這句話的景觀

相對輕鬆地就能挑戰3000m級山頂就是乘鞍的魅力所在。此外，位於乘鞍高原中央的一之瀨園地設有散步道，可一邊眺望河川水池一邊享受健行樂趣。

想在乘鞍做的事！
● 高原健行＆登上3000m級的高山 …> P.74‧P.76‧P.78
● 品嘗美味洋食＆乘鞍蕎麥麵午餐 …> P.80

松本→往上高地

接駁巴士轉乘地點
澤渡 (さわんど) …> P.19‧P.53

由於限制私家車通行，從松本方向開車前往上高地時，需在澤渡轉搭接駁巴士。此處有大大小小的停車場，可事先查好能停車的場所。如果要從松本搭電車前往，則可在新島島轉搭路線巴士。

長野縣側的入口 松本 (まつもと)

從東京、名古屋方向前往上高地的交通據點為長野縣的松本。以國寶松本城為中心的城下町歷史悠久，可在這個古色古香的藏造老街漫步遊玩。

※前往疊平的交通方式請參照P.71

奧飛驒溫泉鄉 ®55
おくひだおんせんごう

位於北阿爾卑斯山西側的奧飛驒溫泉鄉，是平湯、福地、新平湯、栃尾、新穗高這5大溫泉的總稱。從新穗高高空纜車和大露天浴池可遠眺雄偉的山岳景觀。名產·飛驒牛也是必嘗的美食。

← 在岐阜縣內肥育14個月以上的牛稱為飛驒牛。

日本數一數二的大露天浴池天國

↑ 以絕景為目標，搭乘新穗高高空纜車在空中散步 → 建造於河川沿岸的露天浴池。有很多豪邁奔放的浴池。

想在奧飛驒溫泉鄉做的事！
● 住進風格獨特的5大溫泉地旅宿 ···> ®58
● 搭乘新穗高高空纜車，欣賞空中絕景 ···> ®66

高山→往上高地·疊平

接駁巴士轉乘地點

平湯 ···> ®19·®57
ひらゆ

由於限制私家車通行，從高山方面開車前往上高地·疊平時，需在平湯轉搭接駁巴士。前往上高地可利用赤棚停車場，前往疊平可利用樸木平停車場。要從高山搭巴士前往上高地時，可在平湯巴士總站轉車。

岐阜縣側的入口 高山
たかやま

從大阪·名古屋方面前往上高地的交通據點為岐阜縣的高山。這裡是從江戶時代流傳至今，歷史悠久的小鎮，在「三町」有很多利用傳統町家改建的商店聚集於此，逛起來樂趣無窮。

白骨溫泉 ®89
しらほねおんせん

起源自鎌倉時代的信州秘湯·白骨溫泉。溫和不刺激肌膚的白濁溫泉，除了純浸泡之外，還可對內臟發揮作用，飲用也對身體很有益處。使用溫泉水熬煮的溫泉粥也頗負盛名。享受溫泉的方式相當多元。

↑ 在旅宿可品嘗帶有淡淡硫礦香的溫泉粥當早餐

想在白骨溫泉做的事！
● 在擁有乳白色溫泉的溫泉旅館中度過 ···> ®91
● 品嘗白骨名產·溫泉粥 ···> ®90·®94

湧自山間的乳白色秘湯

← 悠閒舒適地浸泡在有各種功效的乳白色溫泉中

↓ 在清涼的高原自然環境孕育出的乘鞍蕎麥麵

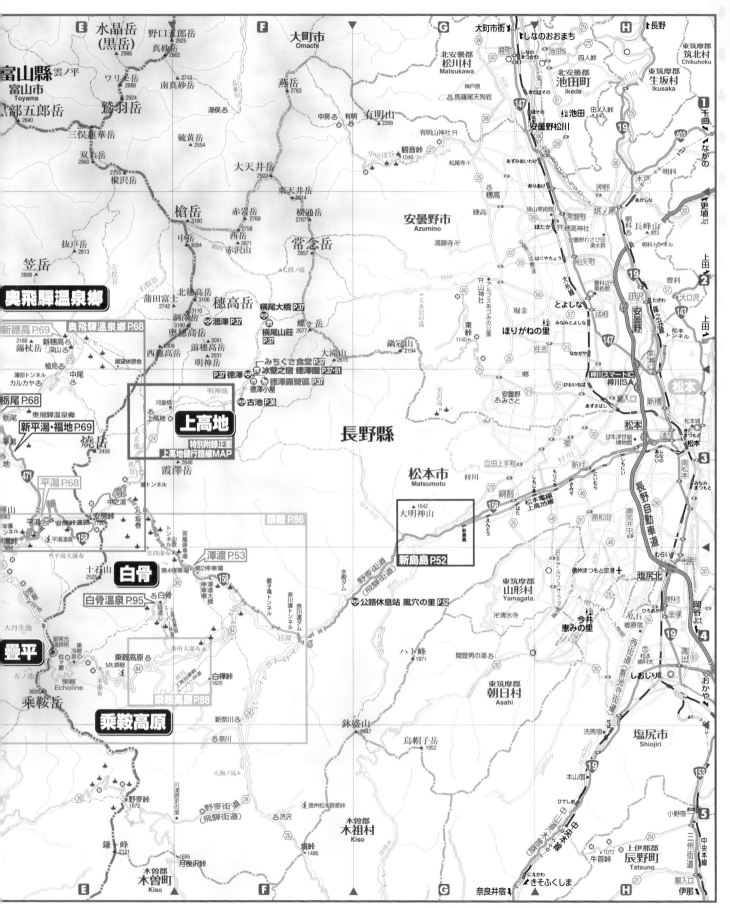

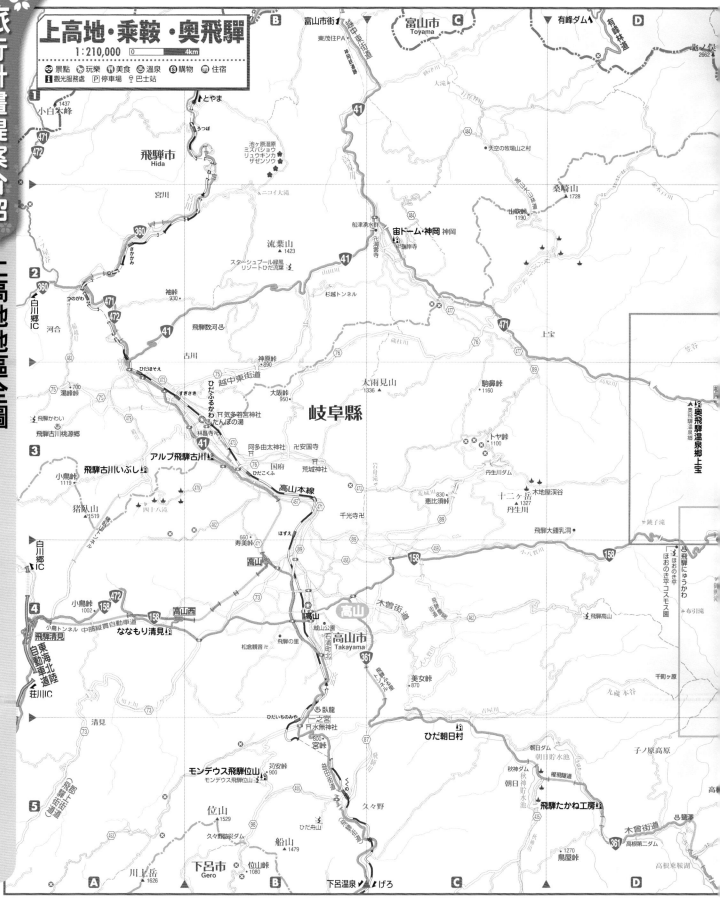

上高地・乘鞍・奧飛驒
1:210,000
0　4km

景點　玩樂　美食　溫泉　購物　住宿
觀光服務處　P停車場　巴士站

衣著&季節 快速導覽

健行區域　上高地、乘鞍高原、白骨溫泉

可能會有點冷

標準配備為平常的穿著＋1件
早晚需要多披件衣物

上高地、乘鞍高原的海拔約為1500m，白骨溫泉位於1400m的高地，氣溫約比平地冷約10℃左右，最好多準備一件長袖襯衫等可以披在外面的衣物。由於天候多變，最好也準備禦寒用品。

➡為了預防中暑，帽子是必備品。最好準備帽緣較小的帽子，以免鉤到樹枝等障礙物。

帽子

➡想要盡情散步，能讓兩手空空的背包是基本配備。30～50L的背包使用起來最為方便。

背包

一般來說，海拔每上升100m，氣溫就會下降0.6℃。海拔差距大正是這個區域的特徵之一。海拔600m左右的松本和海拔2702m的乘鞍疊平，氣溫有時會相差10℃以上。此外，山岳地帶風勢較大，氣候條件更加嚴峻，最好依照要去的場所來決定穿著以及前往的季節。

外套

⬅由於早晚偏涼，因此一定要攜帶外套。以吸濕快乾的外套為佳。最好也能攜帶雨具，以防突然變天。

光是乘鞍高原內，氣溫就有4℃之差呢

內搭褲 & 緊身褲

➡建議選用具彈性的素材。也可以穿能夠輔助運動機能的緊身褲，搭配登山裙或短褲。

內搭衣

➡如果以散步為主的話，除了貼身衣物之外，內搭衣最好選擇快乾的材質。棉質等天然素材吸汗後不易乾燥，不適合走山路。

⬅厚襪子可提升走在山路上的緩衝性。長度以能夠保護腳踝的為佳。

襪子

鞋

➡考慮到扭傷或滑倒的危險，穿登山鞋最為理想。由於鞋底較厚，走在凹凸不平的路上也比較不容易疲倦。

旅行裝備確認清單

旅行裝備	散步區	健行區	登山區
旅遊指南	◎	◎	◎
地圖	◎	◎	◎
手機	◎	◎	◎
毛巾	◎	◎	◎
面紙	◎	◎	◎
垃圾袋	△	◎	◎
急救用品	△	◎	◎
小刀	△	◎	◎
打火機	△	◎	◎
暖暖包	△	◎	◎
運動鞋	◎	△	△
登山鞋	△	◎	◎
厚襪子	△	◎	◎
禦寒用品	△	◎	◎
有帽緣的帽子	△	◎	◎
雨具（傘）	◎	◎	△
雨具（雨衣）	△	◎	◎
工作手套‧手套	△	◎	◎
頭燈	△	△	◎
指南針	△	△	◎
存糧	△	◎	◎
飲用水	◎	◎	◎
行動糧	△	◎	◎
緊急糧	△	◎	◎

◎：一定要帶的東西
○：帶著會比較方便的東西
△：有空間再帶就好的東西

登山區　疊平、新穗高高空纜車山頂站、上高地（登山）

＊帽子
建議戴羊毛材質的帽子，可選擇寒冷時可蓋住耳朵的款式。

＊衣著
刷毛衣外面可再穿一件防水外套，可重疊穿搭的禦寒衣著是必要裝備。以保濕快乾的材質為佳。

＊褲子‧鞋子
羊毛褲外再穿一件緊身褲，禦寒措施萬全無虞。保濕性高的鞋子走起來較為舒適，最好選擇防滑款式。

需要一些禦寒裝備

標準配備為平常的穿著＋2件
早晚需要多1件

一旦超過海拔2000m，氣溫就會比海拔0m處低10～20℃，即使是盛夏也需要準備長袖衣物。春天和秋天的早晚會特別冷，需要準備羊毛或刷毛的衣服。

下高空纜車時，說不定會冷到發抖喔

＊手套
除了可以禦寒之外，走在崎嶇不平的地方時，或是不慎跌倒時也可預防受傷。

散步區　奧飛驒溫泉鄉（平湯～栃尾）

＊帽子
除了可以預防夏天中暑之外，要預防紫外線也不可缺少帽子。

夏天雖然很熱，但冬天會下雪唷

＊衣著
放晴時，可穿T恤等輕便服裝，但氣候難預料，別忘了準備長袖襯衫和雨具（雨傘也OK）。

最好穿方便行動的衣服

平常的裝扮就行了！

奧飛驒溫泉鄉的春～秋季可以穿平常的裝扮，但有些地方的海拔較高，最好準備一件可披在外面的衣物。冬天會下雪，請做好禦寒措施或準備可走在雪地裡的鞋子再出門。

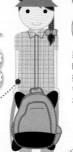

＊鞋子
如果只是逛街的話，可以穿平常穿慣的鞋子；但如果想稍微走遠一點，穿走路的運動鞋或輕登山鞋會比較安心。

攝影協力：mont-bell股份有限公司 http://www.montbell.jp/

季節&活動行事曆

建議配合當地活動訂定旅遊計畫。上高地雖然開放期間有限，但其他地區冬天也有活動，可前往遊玩。

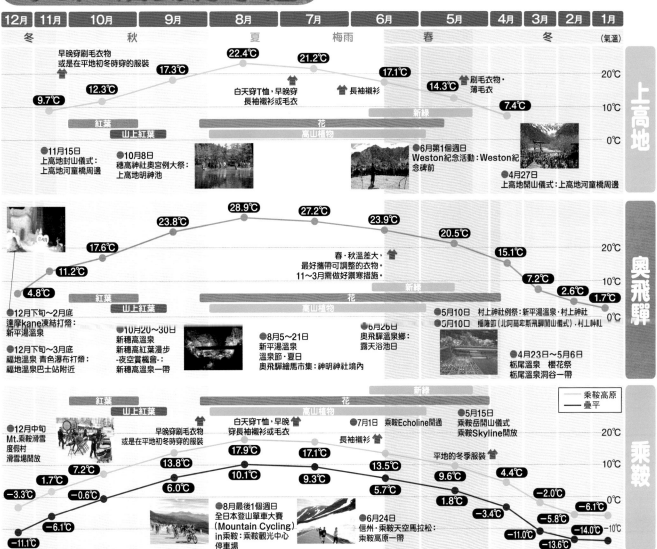

12月	11月	10月	9月	8月	7月	6月	5月	4月	3月	2月	1月
冬		秋		夏	梅雨		春		冬		(氣溫)

上高地

早晚穿刷毛衣物或是在平地初冬時穿的服裝
22.4℃　21.2℃
17.3℃　17.1℃
12.3℃
9.7℃　白天穿T恤，早晚穿長袖襯衫或毛衣　長袖襯衫　14.3℃ 刷毛衣物・薄毛衣
7.4℃
20℃　10℃　0℃

紅葉　花
山上紅葉　高山植物　新綠

●11月15日
上高地封山儀式：上高地河童橋周邊
●10月8日
穗高神社奧宮例大祭：上高地明神池
●6月第1個週日
Weston紀念活動：Weston紀念碑前
●4月27日
上高地開山儀式：上高地河童橋周邊

奧飛驒

28.9℃
23.8℃　27.2℃
17.6℃　23.9℃
11.2℃　20.5℃
4.8℃　春・秋溫差大，最好攜帶可調整的衣物。11～3月需做好禦寒措施。　15.1℃
7.2℃　2.6℃　1.7℃
20℃　10℃　0℃

紅葉　花
山上紅葉　高山植物　新綠

●12月下旬～2月底
達摩kane凍結打燈：新平湯溫泉
●12月下旬～3月底
福地溫泉 青色瀑布打燈：福地溫泉巴士站附近
●10月20～30日
新穗高溫泉 新穗高紅葉漫步-夜空賞楓會-：新穗高溫泉一帶
●8月5～21日
新平湯溫泉 溫泉節・夏日 奧飛驒繪馬市集：神明神社境內
●6月26日
奧飛驒溫泉鄉：露天浴池日
●5月10日 村上神社例祭：新平湯溫泉・村上神社
●5月10日 槥隆節(北阿爾卑斯飛驒開山儀式)・村上神社
●4月23日～5月6日
栃尾溫泉 櫻花祭 栃尾溫泉洞谷一帶

乘鞍

乘鞍高原
疊平

早晚穿刷毛衣物或是在平地初冬時穿的服裝
白天穿T恤，早晚穿長袖襯衫或毛衣　7月1日 乘鞍Echoline開通　長袖襯衫
17.9℃　17.1℃　5月15日 乘鞍岳開山儀式 乘鞍Skyline開放
13.8℃　13.5℃　平地的冬季服裝
10.1℃　9.3℃　9.6℃
7.2℃　6.0℃　5.7℃　4.4℃
1.7℃　1.8℃　-2.0℃
-3.3℃　-0.6℃　-3.4℃　-5.8℃　-6.1℃
-6.1℃　-11.0℃　-14.0℃
-11.1℃　-13.6℃
20℃　10℃　0℃　-10℃

●12月中旬
Mt.乘鞍滑雪度假村 滑雪場開放

紅葉　花
山上紅葉　高山植物　新綠

●8月最後1個週日
全日本登山單車大賽(Mountain Cycling)in乘鞍：乘鞍觀光中心停車場
●6月24日
信州・乘鞍天空馬拉松：乘鞍高原一帶

活動日程為2018年度預定舉辦的日期，可能會有變更，出門前請事先確認。

健行&登山的訣竅與禮節

學會一點小訣竅，讓登山時更加愉快舒適。另外還要懂得保護自然的最基本禮節。

! 穿脫不嫌麻煩，雨具一定攜帶

出發前先將禦寒衣物放入背包裡，就算走路時覺得有點冷，建議還是不要穿太厚。如果穿著厚衣服，之後容易流太多汗。最好養成習慣，行動中如果覺得熱就要快點脫掉，休息時則穿上衣服不讓身體著涼，待出發前再馬上脫掉。

! 口令為「拍照時不摘不踩」

生長在嚴峻大自然環境中的高山植物成長較為緩慢，一旦被摘採或踩踏，便無法輕易復原，因此絕對禁止因盛開茂密就亂採亂摘的行為。拍照時也要留意腳邊，不要踩到群落生長的花草。

! 一定要先查好天氣

最需要注意的是打雷。在大自然中能躲避的地方較少，如果看到打雷預報，則需特別留意。若是天氣預報表示大氣不穩定，最好考慮是否要中止旅行。此外，山上的天氣通常會比氣象預報的還多變，最好有心理準備可能會比天氣預報早變天，晚恢復。

! 垃圾不亂丟，隨手帶回家

把垃圾丟在大自然中是最違反禮儀的行為。橘子皮和吃剩的零食會成為熊的餌食，因此一定要自備垃圾袋，千萬不可隨地亂丟。此外，零食或便當等的外包裝可在出發前先丟掉，就不會製造垃圾，也能幫行李減量。

! 學會不疲倦的走路方式

走得太快導致呼吸急促，不但走不遠，休息時間也會變長。若以還能夠對話的速度慢慢行走，反而會比較快抵達終點。上下山時最好儘量小步走行走。一口氣上下山，容易造成呼吸紊亂。

! 別忘了攜帶行動糧和飲用水

爬山時最好每次休息都能吃點東西、喝點水。經常有人會把裝有飲用水的瓶子放在背包的側邊口袋，但這個位置很容易因為一點小震動就掉落，因此建議把水壺收在背包裡，以防掉落。

! 小心跌倒、滑落、墜落

年長者的骨頭較為脆弱，一旦跌倒很容易骨折，好好的一趟旅行也會因此泡湯。因此在容易跌倒的路上需要特別小心。此外，山中隱藏著許多危險，就算看起來很安全的地方，也要小心謹慎。

! 在大自然中散步時，要先禮讓登山者

登山道原則上需禮讓爬山的人，因為人在向上爬時經常只會注意腳邊，而容易忽略反方向的來人。如果後方有人走得比較快，請快讓出一條路來。行走時，請隨時觀察周圍的情況。

※平均溫度參考自日本氣象廳（1981～2010年的平均氣象數據）。乘鞍的氣溫採用的是長野縣奈川的平均值，再按照遞減率計算出來的推算值。奧飛驒的氣溫採用的是岐阜縣栃尾的平均值。上高地的平均氣溫為財團法人 自然公園財團上高地分部所提供的數據。

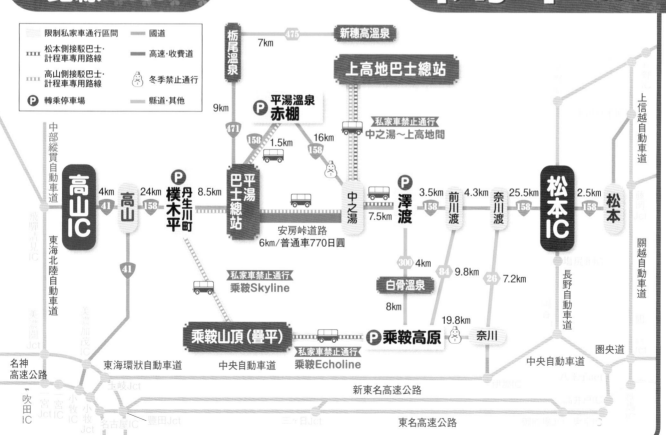

交通情報快速導覽

↑車子可停在澤渡的停車場後再前往上高地

→搭乘電車、巴士的旅客可在新島島巴士總站轉搭路線巴士

到松本・高山的交通情報請參閱 P.98～102！

前往上高地周邊地區的入口為長野縣的松本或是岐阜縣的高山。無論搭乘電車、巴士還是自行開車，從東京前往是以松本為起點，從大阪前往是以高山為起點最為方便；從名古屋前往則是兩者皆可。上高地和乘鞍山頂皆有限制私家車通行，請特別留意。

上高地・乘鞍高原・奧飛驒溫泉鄉・白骨溫泉 路線MAP

到松本・高山的交通情報請參閱 P.98～102！

長野縣側 長野自動車道 松本IC ＆ 岐阜縣側 中部縱貫自動車道 高山IC 為起點！

開車前往時以松本IC或高山IC為起點，國道158號為主要路線。人氣觀光地上高地和乘鞍山頂（疊平）為了保護自然環境，限制私家車通行，因此可將車子停在停車場後，再轉搭接駁巴士。

開車前往

圖例

- 限制私家車通行區間
- 松本側接駁巴士・計程車專用路線
- 高山側接駁巴士・計程車專用路線
- Ｐ 轉乘停車場
- 國道
- 高速・收費道
- ☃ 冬季禁止通行
- 縣道・其他

栃尾溫泉

475 7km 新穗高溫泉

上高地巴士總站

平湯溫泉 赤棚 Ｐ

私家車禁止通行 中之湯～上高地間

9km

471

158 1.5km 16km 158

中部縱貫自動車道

高山IC 4km 41 高山 24km 158 樸木平 Ｐ 丹生川町 8.5km 巴士總站 平湯總站

飛驒清見IC 東海北陸自動車道

中之湯

澤渡 Ｐ 3.5km 158 前川渡 4.3km 奈川渡 25.5km 158 松本IC 2.5km 158 松本

上信越自動車道

關越自動車道

長野自動車道

安房峠道路 6km／普通車770日圓

7.5km

41

私家車禁止通行 乘鞍Skyline

300 4km

白骨溫泉 34 9.8km 26 7.2km

8km

乘鞍山頂（疊平） 私家車禁止通行 乘鞍Echoline

19.8km

Ｐ 乘鞍高原 ☃ 奈川

名神高速公路 東海環狀自動車道 中央自動車道

中央自動車道

圈央道

吹田IC 名古屋IC 豐田Jct 新東名高速公路

小牧Jct 小牧IC 名神Jct

三日日Jct 東名高速公路

美濃加茂Jct

搭乘接駁巴士前往 上高地‧乘鞍山頂（疊平）限制私家車通行，需注意

松本IC →往上高地
澤渡的停車場

在澤渡，從澤渡大橋到茶嵐之間共有14個停車場。除了起始站澤渡巴士總站之外，還有5處巴士站可搭乘接駁巴士。

停車場	14處／2000輛	費用	1天600日圓
交通	松本IC約33km		
到上高地的接駁巴士	所需時間30分、1250日圓（來回2050日圓）		
到上高地的計程車	4200日圓（固定）		

※さわんど足湯公園前巴士站無法搭乘前往上高地方面的接駁巴士（下車專用）。此外，さわんど巴士站為路線巴士、特急巴士專用，無法由此搭乘接駁巴士。

松本IC →往乘鞍山頂（疊平）
乘鞍高原的停車場

乘鞍高原有4個停車場。第1停車場位於乘鞍觀光中心，這裡有觀光服務處、餐廳、賣店、廁所等設施，建議在此搭乘接駁巴士。

停車場	4處／800輛	費用	免費
交通	松本IC約40km		
到疊平的接駁巴士	所需時間50分、1450日圓（來回2500日圓）		
到疊平的計程車	約7200日圓（乘鞍岳環境保全稅等600日圓另計）		

※加上其他觀光停車場共計950輛

高山IC →往上高地
平湯溫泉赤棚（あかんだな）停車場

平湯溫泉赤棚停車場的乘車處全集中在1個地方，相當方便。穿過柵欄機後就是寬敞的停車場，前方有接駁巴士和計程車乘車處，也有販賣車票的管理大樓和免費休息站。

停車場	1處／850輛	費用	1天600日圓
交通	高山IC約38km		
到上高地的接駁巴士	所需時間35分、1160日圓（來回2050日圓）		
到上高地的計程車	6040日圓（固定）※含安房峠道路費用		

高山IC →往乘鞍山頂
丹生川町樸木平（ほおのき平）停車場

這是位於距離平湯溫泉約8.5km的丹生川町的停車場，可容納1500輛車，又可免費利用，相當方便。巴士總站大樓裡也有餐廳和賣店，也可看到疊平的天氣狀況。

停車場	1處／1500輛		
費用	免費		
交通	高山IC約28km		
到疊平的接駁巴士	所需時間45分、1270日圓（來回2300日圓）		
到疊平的計程車	約7400日圓（乘鞍岳環境保全稅等600日圓另計）		

限制私家車通行的是上高地和乘鞍山頂（疊平）兩個地方。因為必須轉搭接駁巴士或計程車，前往上高地時，請把車停在澤渡或是平湯溫泉赤棚停車場；前往乘鞍山頂，請把車停在乘鞍高原或是樸木平停車場。

限制私家車通行範圍

上高地地區
限制範圍：中之湯～上高地（縣道24號上高地公園線）
限制期間：4月中旬～11月15日
※此期間外為冬季封鎖期，禁止通行
可通行車輛：僅可乘坐人數11人以上的巴士和計程車（也有禁止搭乘觀光巴士進入的日子）

乘鞍山頂地區
限制範圍：三本瀑布～疊平（乘鞍Echoline一部分）平湯峠～疊平（乘鞍Skyline全線）
限制期間：5月15日～10月31日（乘鞍Echoline為7月1日～）
※此期間外為冬季封鎖期，禁止通行
可通行車輛：觀光巴士、計程車、乘坐人數11人以上的巴士

接駁巴士時刻表
請前往 → 97 確認！

從松本IC前往各地區

往上高地
走國道158號約33km，將車子停在澤渡停車場後轉搭接駁巴士。

往乘鞍高原‧白骨溫泉
前往乘鞍高原，走國道158號往上高地方面，在前川渡交流道左轉走縣道84號，約40km。前往白骨溫泉，走國道158號，經過さわんど岩見平後，在湯川渡附近右轉走縣道300號，約38km。

往奧飛驒溫泉鄉
走國道158號，在中之湯左轉後前往安房峠道路。到平湯溫泉約47km。

從高山IC前往各地區

往上高地
走國道158號約38km，將車子停在平湯溫泉赤棚停車場後轉搭接駁巴士。

往乘鞍高原‧白骨溫泉
前往乘鞍高原，通過前川渡交流道後，在隧道前迴轉，回到前川渡後左轉走縣道84號，約63km。前往疊平，走國道158號約28km後，在樸木平停車場轉搭接駁巴士。前往白骨溫泉，經過澤渡的茶嵐後，在湯川渡附近左轉走縣道300號，約54km。

往奧飛驒溫泉鄉
走國道158號前往平湯溫泉約36km。經由國道471號走縣道475號，便可前往位於最深處的新穗高溫泉。

到松本·高山的交通情報請參閱 P.98～102！

當地的巴士總站也有擺放時刻表，可隨時掌握最新資訊！

長野縣側 JR·ALPICO交通 松本站 岐阜縣側 JR 高山站 為起點！

搭乘電車·巴士前往

搭乘電車、巴士前往時，以松本站或高山站為起點。從東京方向前往時的入口為松本站，從名古屋·大阪方向前往時的入口為高山站。往上高地和平湯溫泉的班次雖少，但有直達巴士和夜間巴士，可考慮使用。

掌握前往 上高地 奧飛驒溫泉鄉·乘鞍·白骨溫泉 的交通情報

從東京·名古屋·大阪往高山

從名古屋前往西邊的入口——高山時，JR、高速巴士都有直達車可前往，相當方便。從東京和大阪前往時有高速巴士可搭乘，但利用JR時，大阪出發的直達車「Wide View HIDA」一天只有一班來回，其他班次需在名古屋轉車。

從東京·名古屋·大阪往松本

從東京、名古屋前往東邊的入口·松本時，JR、高速巴士都有直達車運行，相當方便。從大阪前往時，高速巴士有直達車，但JR沒有直達車，需在名古屋換車。

從高山站往各地區

往上高地·乘鞍高原·白骨溫泉

前往上高地可在平湯溫泉（平湯巴士總站）轉搭接駁巴士。前往乘鞍高原可在親子瀧轉車。前往白骨溫泉可在さわんど岩見平巴士站轉車。要搭乘前往乘鞍山頂（疊平）的接駁巴士時，建議在ほおのき平巴士站下車。

往奧飛驒溫泉鄉

前往奧飛驒溫泉鄉時，高山站前的高山濃飛巴士中心每小時會有1班路線巴士發車。經由平湯溫泉（平湯巴士總站），會在福地溫泉、新平湯溫泉、栃尾溫泉、新穗高高空纜車等各溫泉地停車。

從松本站往各地區

往上高地·乘鞍高原·白骨溫泉

從松本站到新島島站的基本路線為搭乘松本電鐵上高地線的電車前往，在鄰接的新島島巴士總站轉搭路線巴士。要搭乘前往乘鞍山頂（疊平）的接駁巴士，則可搭乘路線巴士到乘鞍高原換車。

前往奧飛驒溫泉鄉

可搭乘在松本站前的松本巴士總站發車的高山行特急巴士。要前往新穗高高空纜車方面，則可在平湯溫泉（平湯巴士總站）轉搭路線巴士。

巴士的據點 平湯溫泉（平湯巴士總站）

為前往奧飛驒溫泉鄉、上高地、乘鞍方向的交通基地。前往奧飛驒各溫泉地的路線巴士、前往上高地、乘鞍山頂（疊平）的接駁巴士，以及前往新宿、松本、高山、富山、富士山的高速巴士和長距離巴士都在此發車。

詳細請看⋯▶57

巴士的據點 新島島巴士總站

與松本電鐵上高地線新島島站鄰接的新島島巴士總站有往上高地、乘鞍高原、白骨溫泉、高山（經由平湯溫泉）的巴士在此發車。這裡雖有廁所和自動販賣機，但並沒有賣店等設施，最好事先做好準備。

與巴士併用 前往乘鞍高原和白骨溫泉時，可視情況利用計程車

●從高山方面搭乘計程車的參考資訊

區間	參考費用（中型車）	參考所需時間
高山～平湯溫泉	12200日圓	50分
高山～白骨溫泉	19500日圓	2小時
平湯溫泉～上高地	6040日圓（固定·含付費道路費用）	25分
平湯溫泉～乘鞍山頂（疊平）	7400日圓（乘鞍岳環境保全稅等600日圓另計）	40分
平湯溫泉～新穗高溫泉	6600日圓	25分

※刊載內容為2017年12月時的資訊。
※費用、時間僅供參考，使用前請事先確認。

（洽詢處）
●ALPICO計程車（松本配車中心）⋯⋯⋯⋯ ☎0263-87-0555
●ALPICO計程車（澤渡）⋯⋯⋯⋯⋯⋯⋯ ☎0263-93-2700
●上高地計程車共同配車中心⋯⋯⋯⋯⋯ ☎0263-95-2350
●山都計程車（高山）⋯⋯⋯⋯⋯⋯⋯⋯ ☎0577-32-2323

●從松本方面搭乘計程車的參考資訊

區間	參考費用（中型車）	參考所需時間
松本～上高地	17000日圓	1小時20分
新島島～上高地	12000日圓	55分
澤渡～上高地	4200日圓（固定）	25分
新島島～乘鞍高原（鈴蘭）	9800日圓	45分
新島島～乘鞍山頂（疊平）	17600日圓（乘鞍岳環境保全稅等600日圓另計）	1小時30分
新島島～白骨溫泉	9300日圓	1小時
上高地～白骨溫泉	7200日圓	50分
澤渡～白骨溫泉	2600日圓	20分
上高地～乘鞍高原（鈴蘭）	10300日圓	45分
乘鞍高原（鈴蘭）～乘鞍山頂（疊平）	7200日圓（乘鞍岳環境保全稅等600日圓另計）	45分
乘鞍高原～白骨溫泉	3400日圓	20分

松本巴士總站或新島島巴士總站都有通往各地區的直達巴士，但前往白骨溫泉的巴士班次較少，1天只有2～3班。另外，從高山前往乘鞍高原和白骨溫泉時，需在松本行的特急巴士中途換車，但可轉乘的班次很少。人數夠的話，建議可以考慮搭乘計程車，規劃一趟有效率的旅遊行程。

地區內時刻表在…▶P.100~101　**從松本・高山前往上高地周邊的路線MAP**

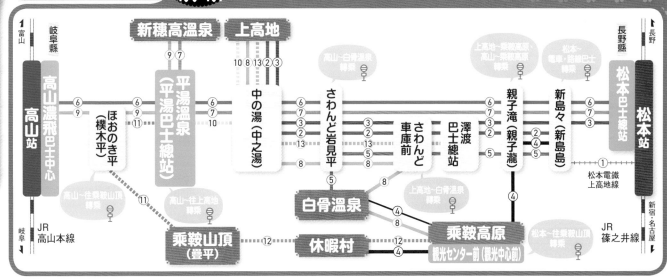

	目的地	形態	運行頻率	運行期間
⑧	上高地~白骨溫泉~乘鞍高原	路線巴士	1天1班（有其他換車班次）	4/17~11/15
⑨	高山~新穗高溫泉	路線巴士	1天14~15班（含平湯溫泉出發與抵達的1~2班）	全年
⑩	平湯溫泉~上高地	接駁巴士	每隔30分1班	4/17~11/15
⑪	平湯溫泉~樸木平~乘鞍山頂（疊平）	接駁巴士	每隔30分~1小時1班	5/15~10/31
⑫	乘鞍高原~乘鞍山頂（疊平）	接駁巴士	每隔1~2小時1班	7/1~10/31
⑬	澤渡~上高地	接駁巴士	每隔30分1班	4/17~11/15

	目的地	形態	運行頻率	運行期間
①	松本~新島島	電車	1天25~26班	全年
②	新島島~上高地	路線巴士	1天9~17班	4/17~11/15
③	松本~上高地	路線巴士（直達）	1天2班	4/17~11/15
④	新島島~乘鞍高原~休暇村	路線巴士	1天3~8班（當中的1~2班為白骨溫泉行）	全年
⑤	新島島~白骨溫泉	路線巴士	1天2~3班（經由澤渡）	4/17~11/15
⑥	松本~平湯溫泉~高山	特急巴士	1天6班	全年
⑦	松本~新穗高溫泉	特急巴士	1天2班	僅在夏季、冬季的特定期間運行

上高地出發往②新島島、⑧白骨溫泉・乘鞍高原的路線巴士需要**乘車整理券**。　詳細請看…▶27

●主要景點間的移動一覽表

往高山	往奧飛驒溫泉鄉（平湯溫泉）	往乘鞍高原（觀光中心前）	往白骨溫泉	往上高地	往松本	
[直達] 2小時25分、3190日圓　搭乘往高山的特急巴士	[直達] 1小時25分、2370日圓　搭乘往新穗高溫泉或高山的特急巴士	[轉乘] 1小時17分、1750日圓（使用電車・巴士轉乘優惠券）　搭乘上高地線電車車程30分，在新島島搭往乘鞍高原或白骨溫泉的巴士車程47分	[轉乘] 1小時38分、1950日圓（使用電車・巴士轉乘優惠券）　搭乘上高地線電車車程30分，在新島島搭往白骨溫泉的（經由澤渡）巴士車程57分	[轉乘] 1小時35分、2450日圓（使用電車・巴士轉乘優惠券）　搭乘上高地線電車車程30分，在新島島轉搭往上高地的巴士車程1小時5分		從松本
[轉乘] 1小時23分、2730日圓　搭乘往平湯溫泉的接駁巴士車程25分，在平湯溫泉轉搭往高山的特急巴士車程50分（也有路線巴士）	[直達] 25分、1160日圓　搭乘往平湯溫泉的接駁巴士	[直達] 1小時5分、1750日圓　搭乘往乘鞍高原的巴士直達車程1小時，或是在親子瀧巴士車庫前車程1小時2~27分 乘車整理券	[直達] 41~51分、1750日圓　搭乘往上高地的巴士直達車程41~51分，或在さわんど車庫前轉車車程1小時9分 乘車整理券		[轉乘] 1小時35分、2450日圓（使用電車・巴士轉乘優惠券）　搭乘往新島島的巴士車程1小時5分，在新島島轉搭上高地線電車車程30分 乘車整理券	從上高地
[轉乘] 1小時34分、3150日圓　搭乘往新島島的巴士車程15分，在さわんど岩見平轉搭往高山的特急巴士車程1小時19分	[轉乘] 1小時9分、2300日圓　搭乘往新島島的巴士車程42分，在親子瀧轉搭往高山的特急巴士車程27分	[直達] 24分、480日圓　搭乘往新島島或上高地的巴士		[直達] 36分、1750日圓　搭乘往上高地的巴士直達車程36分，或在さわんど車庫前轉車車程37~67分	[轉乘] 1小時38分、1950日圓（使用電車・巴士轉乘優惠券）　搭乘往新島島的（經由澤渡）巴士車程57分，在新島島轉搭上高地線電車車程30分	從白骨溫泉
[轉乘] 1小時38分、3200日圓　搭乘往新島島的巴士車程16分，在親子瀧轉搭往高山的特急巴士車程1小時22分	[轉乘] 43分、2070日圓　搭乘往新島島的巴士車程16分，在親子瀧轉搭往高山的特急巴士車程27分		[直達] 24分、480日圓　搭乘往白骨溫泉的巴士	[直達] 1小時、1750日圓　搭乘往上高地的巴士直達車程1小時，或在親子瀧轉車車程57分~1小時3分	[轉乘] 1小時17分、1750日圓（使用電車・巴士轉乘優惠券）　搭乘往新島島的巴士車程47分，在新島島轉搭上高地線電車車程30分	從乘鞍高原（觀光中心前）
[直行] 50分、1570日圓　搭乘往高山的特急巴士（也有路線巴士）		[轉乘] 43分、2070日圓　搭乘往松本的特急巴士車程27分，在親子瀧搭乘鞍高原或白骨溫泉的巴士車程16分	[轉乘] 1小時50分~1小時19分、2300日圓　搭乘往松本的特急巴士車程27分，在親子瀧轉搭往白骨溫泉的巴士車程23~52分	[轉乘] 25分、1160日圓　搭乘往上高地的接駁巴士	[直達] 1小時25分、2370日圓　搭乘往松本的特急巴士	從奧飛驒溫泉鄉（平湯溫泉）
	[直達] 55分、1570日圓　搭乘往新穗高溫泉或松本的特急巴士（也有路線巴士）	[轉乘] 1小時38分、3200日圓　搭乘往松本的特急巴士車程1小時22分，在親子瀧轉搭乘鞍高原或白骨溫泉的巴士車程16分	[轉乘] 1小時34分、3150日圓　搭乘往松本的特急巴士車程1小時19分，在さわんど岩見平轉搭往白骨溫泉的巴士車程15分	[轉乘] 1小時23分、2730日圓　搭乘往新穗高溫泉或松本的特急巴士車程50分，在平湯溫泉轉搭往上高地的接駁巴士車程25分	[直達] 2小時25分、3190日圓　搭乘往松本的特急巴士	從高山

※巴士費用、所需時間、運行期間、運行頻率、路線皆為2017年度的資訊，有變更的可能，出門前請事先確認。

旅行計畫
提案
4

半天 上高地 ＋ 1晚·2晚 周邊地區

標準行程導覽

搭乘 電車·巴士 前往

介紹以人氣的上高地為主的半天及住宿行程。如果要安排搭乘電車、巴士前往的2天1夜小旅行，推薦奧飛驒溫泉鄉、乘鞍高原、白骨溫泉的套裝行程。

半天行程 上高地 健行

前往上高地時，在不同的巴士站下車，行走路線也會不同。想要連續走2條路線的話，以大正池，河童橋，明神，上高地巴士總站的路線最為理想。要注意時間和體力唷！

Plan 2 步行2小時
前往神祕的明神池 ···▶32

河童橋↔明神橋

從距離上高地巴士總站步行5分鐘的河童橋出發，沿著梓川右岸步道行走，前往明神池。回程可以走左岸步道回來。

河童橋

⬆上高地最著名的觀光景點就是河童橋。這個吊橋可說是上高地的代表性風景

明神池

⬆位於穗高神社奧宮神域的明神池。空氣中瀰漫著神聖的氣息

外帶午餐

⬆以信州名產為菜色的便當和漢堡等，種類繁多，可在散步途中享用

高山出發		松本出發	
9:40	高山濃飛巴士中心出發	松本站出發	10:10
	巴士⬇	⬇電車	
10:38	抵達平湯巴士總站	抵達新島島站	10:40
	轉乘⬇	⬇轉乘	
11:00	平湯巴士總站出發	新島島巴士總站出發	10:55
	⬇接駁巴士	巴士⬇	

	Plan 2	Plan 1	
11:25	12:00	11:18	11:52
	抵達上高地巴士總站	抵達大正池巴士站	
	步行⬇	步行⬇	
16:00	上高地巴士總站出發		16:00
	接駁巴士⬇	⬇巴士	
16:25	抵達平湯巴士總站	抵達新島島巴士總站	17:05
	轉乘⬇	⬇轉乘	
16:30	平湯巴士總站出發	新島島站出發	17:23
	巴士⬇	⬇電車	
17:31	抵達高山濃飛巴士中心	抵達松本站	17:52

如果想在上高地多玩一會兒
1晚2晚行程 度過悠閒時光

除了照片中的五千尺酒店之外，還有其他溫泉飯店或是山中小木屋風格的旅宿。夏天為旺季，需要提早預約。

Plan 1 步行1小時
上高地的經典健行路線 ···▶28

大正池→河童橋

這是從大正池出發，經過田代池，漫步於梓川右岸，前往河童橋的人氣散步路線。可在河童橋周邊度過悠閒時光。

大正池

⬆大正池中佇立的枯木瀰漫著夢幻的氣息。從正面可看到燒岳

田代濕原

⬆田代濕原就位於田代池附近，是眺望穗高連峰的絕佳景點

⬇推薦在河童橋周邊的飯店或是田代橋附近的上高地帝國飯店（照片）享用午餐

在河童橋吃午餐

2天1夜行程 上高地+周邊

因為地理位置和巴士班次的關係，上高地要排在第1天還是第2天也會受到影響，排行程時請務必要對照時刻表。

疊平&乳白色湯泉 白骨溫泉

在海拔2702m的疊平眺望高山植物和山脈絕景之後，到信州名湯聞名的白骨溫泉住宿。早上還可以吃到溫泉粥。

高山出發	松本出發
第1天	
10:40 高山濃飛巴士中心出發	松本站出發 10:10
↓巴士	↓電車
11:23 抵達ほおのき平	抵達新島站 10:40
↓轉乘	↓轉乘
11:55 ほおのき平出發	新島島巴士總站出發 10:55
↓接駁巴士	↓
	抵達觀光中心前 11:42
	↓轉乘
	觀光中心前出發 12:00
	↓接駁巴士
12:40 抵達乘鞍山頂(疊平) 12:50	

疊平高山健行 →P.76

由於限制私家車通行，前往疊平需轉搭接駁巴士。來去高山植物的寶庫——花田的散步道路，和輕鬆好爬的富士見岳健行吧！

15:05 乘鞍山頂(疊平)出發
↓接駁巴士
15:55 抵達觀光中心前
↓轉乘
16:17 觀光中心前出發
↓巴士
16:53 抵達白骨溫泉

白骨溫泉住宿 →P.91

白骨溫泉聚集了以大露天浴池聞名的泡湯旅館等風格獨特的旅宿，讓人好想悠閒地浸泡在令人嚮往的白濁溫泉當中，隔天還可以到上高地去散步。

第2天
9:20 白骨溫泉出發
↓巴士
9:49 抵達大正池巴士站

上高地健行 →P.28

↓步行

高山出發	松本出發
16:00 上高地巴士總站出發	16:00
↓接駁巴士	↓巴士
16:25 抵達平湯巴士總站	抵達新島島巴士總站 17:05
↓轉乘	↓轉乘
16:30 平湯巴士總站出發	新島島站出發 17:23
↓	↓電車
17:31 抵達高山濃飛巴士中心	抵達松本站 17:52

戶外體驗 乘鞍高原

乘鞍高原可充分體驗戶外樂趣。可以在一之瀨園地健行，或是在Igaya Recreation Land遊玩，最適合全家大小一起前來。

高山出發	松本出發
第1天	
9:40 高山濃飛巴士中心出發	松本站出發 10:10
↓巴士	↓電車
10:38 抵達平湯巴士總站	抵達新島站 10:40
↓轉乘	↓轉乘
11:00 平湯巴士總站出發	新島島巴士總站出發 10:55
↓接駁巴士	↓
11:18 抵達大正池巴士站	11:52

上高地健行 →P.28

↓步行

16:45 上高地巴士總站出發
↓巴士
18:12 抵達觀光中心前

乘鞍高原住宿 →P.84

去完上高地後，在乘鞍高原住宿。乘鞍有溫泉湧出，因此很多旅館和歐風民宿都有溫泉。健行後可泡個溫泉，舒緩疲勞。

第2天
9:00 乘鞍高原出發

乘鞍高原的戶外休閒活動 →P.82

乘鞍BASE	一之瀨園地
除了在池子上空滑行的人氣高空溜索之外，還有釣魚、木槌高爾夫、騎自行車等豐富的戶外休閒活動。	在一之瀨園地有環繞著五郎瀑布和牛留池，綠意盎然的健行路線。另外也推薦騎自行車和烤肉。

高山出發	松本出發
14:13 觀光中心前出發	14:13
↓巴士	↓巴士
14:28 抵達親子瀧巴士站	抵達新島島巴士總站 15:00
↓轉乘	↓轉乘
15:03 親子瀧巴士站出發	新島島站出發 15:25
↓巴士	↓電車
16:30 抵達高山濃飛巴士中心	抵達松本站 15:54

溫泉巡訪&絕景 奧飛驒溫泉鄉

奧飛驒溫泉鄉也是從高山方向前來時的交通據點，不妨前往可輕鬆欣賞絕景的新穗高高空纜車，在風格獨特的5大溫泉地住一晚吧！

高山出發	松本出發
第1天	
10:40 高山濃飛巴士中心出發	松本巴士總站出發 10:40
↓巴士	↓巴士※10點20分發車的班次僅在7月中旬~8月中旬運行
12:25 抵達新穗高高空纜車	12:45

新穗高高空纜車漫步 →P.66

新穗高高空纜車是日本最初的雙層高空纜車，從海拔2156m的展望台可眺望北阿爾卑斯山脈壯觀的大環景圖。

14:55 新穗高高空纜車出發
↓巴士
15:28 抵達平湯巴士總站

奧飛驒溫泉鄉住宿 →P.58

奧飛驒溫泉鄉有5大溫泉地。從大露天浴池到古民宅旅宿，選擇豐富，快來尋找心儀的旅宿吧！

第2天
8:00 平湯巴士總站出發
↓接駁巴士
8:18 抵達大正池巴士站

上高地健行 →P.28

住在奧飛驒溫泉鄉，就能在隔天一早前往上高地。這時的觀光客還不多，空氣清新，可以從大正池悠閒地漫步到明神池。

高山出發	松本出發
16:00 上高地巴士總站出發	16:00
↓接駁巴士	↓巴士
16:25 抵達平湯巴士總站	抵達新島島巴士總站 17:05
↓轉乘	↓轉乘
16:30 平湯巴士總站出發	新島島站出發 17:23
↓巴士	↓電車
17:31 抵達高山濃飛巴士中心	抵達松本站 17:52

※電車、巴士的時刻為2017年度的資訊，有些班次只在特定日運行，請事先確認。時刻表刊載於P.100~101。

2天3夜行程

如果是開車的行程，或許可以在3天內逛完所有地區。規劃行程時，別忘了注意私家車禁止通行的區域喔！

第1天 山岳風景&泡溫泉
奧飛驒溫泉鄉

在岐阜縣數一數二的溫泉地奧飛驒溫泉鄉，可以從新穗高高空纜車眺望壯觀絕景、泡露天溫泉，悠閒地度過第1天。

高山出發	松本出發
10:15 高山IC出發	松本IC出發 10:00
開車 約54km	開車 約64km

11:30 **新穗高高空纜車漫步** ⋯➤P66

奧飛驒溫泉鄉的旅遊起點為奧飛驒溫泉鄉的最深處，新穗高高空纜車。在新穗高轉搭2班高空纜車，欣賞海拔2156m的高空絕景。晴天時前往是最理想的。

↓ 開車 約17km

13:30 **飛驒牛午餐** ⋯➤P58

提到飛驒就會想到奧飛驒溫泉鄉的名產飛驒牛。菜單品項多，朴葉味噌燒、鐵板燒等鄉土料理的嘗法多，使飛驒牛成為午餐的首選。

↓ 車程 約10km

15:00 **奧飛驒溫泉鄉溫泉巡訪** ⋯➤P62

泉量豐富的奧飛驒溫泉鄉到處都有足湯。有狀似池子的足湯、能夠遠眺瀑布的足湯、也有位於店家門口的足湯，隨處都有，可四處找找。

↓ 開車 約10km

16:30 **平湯溫泉住宿** ⋯➤P58

奧飛驒溫泉鄉聚集了許多風格獨特的溫泉旅宿，從大露天浴池到木造浴池應有盡有。隔天早上的交通以奧飛驒的入口平湯溫泉距離最近。

第2天 河童橋&白濁湯泉
上高地&白骨溫泉

早起搭乘接駁巴士前往上高地。如果還有體力，可從大正池走到河童橋、明神池，再前往乳白色的名湯——白骨溫泉住宿。

7:20 從平湯溫泉的旅宿出發
↓ 開車 約2km
7:50 赤棚停車場出發
↓ 接駁巴士
8:08 抵達大正池巴士站

從大正池散步到上高地 ⋯➤P28

從奧飛驒溫泉鄉搭乘接駁巴士前往上高地。在大正池巴士站下車後，前往河童橋。如果想看到大正池的朝霧，可搭首班巴士。

↓ 步行

11:00 **在上高地吃午餐** ⋯➤P38

梓川沿岸到河童橋之間有很多飯店裡面都有適合享用午餐的餐廳，也有很多外帶菜單，可多加利用。

↓ 步行

13:00 **河童橋・明神池散步** ⋯➤P32

吃完午餐恢復體力後，可走明神路線。這條路線有點顛簸，距離也較長，需留意時間和體力。

↓ 步行
16:00 上高地巴士總站出發
↓ 接駁巴士
16:25 抵達赤棚停車場
↓ 開車 約20km
17:00 **白骨溫泉住宿** ⋯➤P91

白骨溫泉是個群山環繞的溫泉。散完步的完美結尾是在靜謐溫泉鄉的乳白色溫泉中，悠閒地泡，舒緩疲憊的身軀。

第3天 花田&健行
疊平&乘鞍高原

第3天前往乘鞍。建議可先在乘鞍高原搭乘接駁巴士前往疊平，享受花田散步之樂。下午再前往乘鞍高原進行戶外活動。

7:30 從白骨溫泉的旅宿出發
↓ 開車 約8km
8:00 乘鞍高原觀光中心前出發
↓ 接駁巴士
8:50 抵達疊平（乘鞍山頂）

疊平散步 ⋯➤P76

最後一天要前往乘鞍。搭乘接駁巴士前往疊平。這裡的景點為高山植物盛開的花畑，並可輕鬆爬上大黑岳。

↓ 步行
11:05 疊平（乘鞍高原）出發
↓ 接駁巴士
11:55 抵達乘鞍高原觀光中心前
↓ 開車

12:00 **高原午餐** ⋯➤P80

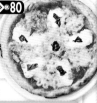

乘鞍為山岳地區，有很多午餐分量滿點的餐廳。這裡也是知名的蕎麥麵產地，因此非常推薦手打蕎麥麵。

↓ 開車

13:00 **在乘鞍BASE進行戶外活動** ⋯➤P82

在Igaya Recreation Land可進行高空溜索、釣魚等娛樂活動。18洞的推桿高爾夫是全家人可以一起玩的休閒娛樂。會讓人出乎意料地玩得很認真喔！

↓ 開車 約2km

14:30 **一之瀨園地健行** ⋯➤P74

最後是前往一之瀨園地的健行路線。可觀賞豪邁的瀑布、拍攝映照著乘鞍岳的池面照片，盡情享受乘鞍高原的大自然。

↓ 步行
17:00 乘鞍高原出發

開車 約65km	開車 約42km
18:30 抵達高山IC	抵達松山IC 18:00

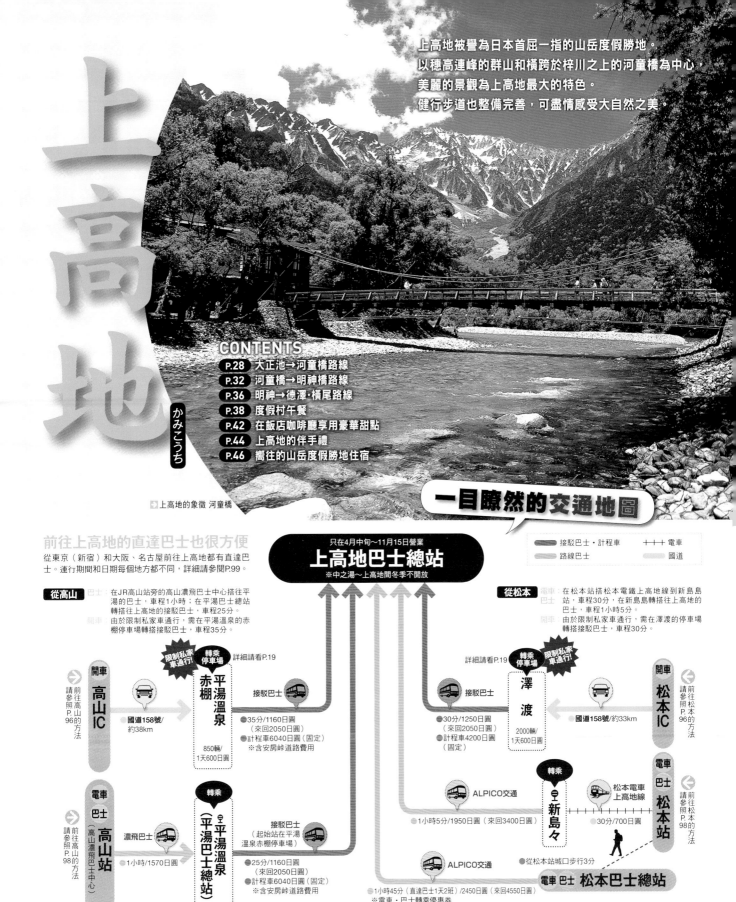

上高地被譽為日本首屈一指的山岳度假勝地。
以穗高連峰的群山和橫跨於梓川之上的河童橋為中心，
美麗的景觀為上高地最大的特色。
健行步道也整備完善，可盡情感受大自然之美。

上高地
かみこうち

CONTENTS

P.28 大正池→河童橋路線
P.32 河童橋→明神橋路線
P.36 明神→德澤・橫尾路線
P.38 度假村午餐
P.42 在飯店咖啡廳享用豪華甜點
P.44 上高地的伴手禮
P.46 嚮往的山岳度假勝地住宿

➡上高地的象徵 河童橋

一目瞭然的交通地圖

前往上高地的直達巴士也很方便

從東京（新宿）和大阪、名古屋前往上高地都有直達巴士。運行期間和日期每個地方都不同，詳細請參閱P.99。

只在4月中旬～11月15日營業

上高地巴士總站
※中之湯～上高地間冬季不開放

■ 接駁巴士・計程車　　+++ 電車
■ 路線巴士　　　　　　　　國道

從高山
巴士：在JR高山站旁的高山濃飛巴士中心搭往平湯的巴士，車程1小時；在平湯巴士總站轉搭往上高地的接駁巴士，車程25分。
開車：由於限制私家車通行，需在平湯溫泉的赤棚停車場轉搭接駁巴士，車程35分。

從松本
電車巴士：在松本站搭松本電鐵上高地線到新島島站，車程30分，在新島島轉搭往上高地的巴士，車程1小時5分。
開車：由於限制私家車通行，需在澤渡的停車場轉搭接駁巴士，車程30分。

開車
請參照前往高山P.96的方法
高山IC
國道158號/約38km
限制私家車通行 **轉乘停車場** 詳細請看P.19
赤棚
平湯溫泉
850輛/1天600日圓
接駁巴士
●35分/1160日圓（來回2050日圓）
●計程車6040日圓（固定）
※含安房峠道路費用

電車巴士（高山濃飛巴士中心）
請參照前往高山P.98的方法
高山站
濃飛巴士
●1小時/1570日圓
轉乘
平湯溫泉（平湯巴士總站）
接駁巴士（起始站在平湯溫泉赤棚停車場）
●25分/1160日圓（來回2050日圓）
●計程車6040日圓（固定）
※含安房峠道路費用

接駁巴士
●30分/1250日圓（來回2050日圓）
●計程車4200日圓（固定）

詳細請看P.19
轉乘停車場
澤渡
2000輛/1天600日圓

限制私家車通行
國道158號/約33km
開車
請參照前往松本P.96的方法
松本IC

ALPICO交通
●1小時5分/1950日圓（來回3400日圓）

轉乘
新島々
●從松本城城口步行3分

松本電車上高地線
●30分/700日圓

電車巴士
請參照前往松本P.98的方法
松本站

ALPICO交通
●1小時45分（直達巴士1天2班）/2450日圓（來回4550日圓）
※電車・巴士轉乘優惠券

電車巴士 松本巴士總站

※刊載內容為2017年12月時的資訊。

西穗獨標 2701m
西穗高岳 2909m
天狗岩
間岳 2907m
ロバの耳
Gendarme
奧穗高岳 3190m
吊尾根
前穗高岳 3090m
明神岳 2931m

上高地 是 這樣的地方

這是被北阿爾卑斯山脈的名峰環繞、
位於海拔1500m處的知名景點。
除了橫跨於清流・梓川上的河童橋之外，
還有水池、濕原、原生林等眾多景點，適合悠閒漫步。

前往上高地的交通情報 →P.18～21・P.25　上高地的地圖 →MAP 附錄正面

上高地首屈一指的景點
河童橋 →P.30
かっぱばし

作為上高地象徵的橋。可遠眺橋後方廣闊的穗高連峰和梓川清流，欣賞壯觀美景。

河童橋→明神橋 路線 →P.32

明神池
穗高神社奧宮
森之度假村小梨
上高地遊客中心
明神→德澤・橫尾 路線 →P.36
往德澤
河童橋
上高地巴士總站
帝国ホテル前

上高地的知名人物
Weston紀念碑

沿著梓川的道路上，建有被譽為日本近代登山之父的Weston的紀念碑。 →P.30

田代濕原

大正池→河童橋 路線 →P.28

↑流經上高地中心的清流・梓川。建議可在河畔度過悠開時光

位於森林深處的神祕水池
明神池 →P.33
みょうじんいけ

位於穗高神社奧宮境內的水池，有一之池和二之池，參觀需另付參拜費（300日圓）。

燒岳 2455m
大正池
大正池

一夜之間誕生的神祕之池
大正池 →P.29
たいしょういけ

作為此路線出發地點的大正池，瀰漫著寂靜的獨特氛圍。

可感受四季風景的寧靜濕原
田代濕原&田代池 →P.29
たしろしつげん＆たしろいけ

夏天有北萱草和越橘花盛開，秋天的草紅葉也美不勝收。再往前走可看到田代池。

好玩報你知！ 3大關鍵字

3 可在 山岳度假勝地 度過悠閒時光

以穗高連峰為首，3000m級的群山、豐富的清流、多樣性的植物等，在上高地可看見許多山岳地帶特有的面貌。在飯店大廳和河童橋附近的時髦咖啡廳欣賞美麗景色，度過優雅時光，也是度假勝地特有的享受。

2 適合所有人的 輕鬆好走健行步道

雖然多少有些顛簸，但絕大部分的散步道都非常好走。這個區域不僅適合登山新手，不分男女老幼都很適合前來遊玩，同時也是海拔1500m的山岳地帶。請穿上方便登山的服裝，享受在大自然中散步的樂趣吧！

1 上高地的開山期間為 4月中旬～11月15日

上高地位於海拔1500m之處，觀光客可來訪的期間為春天到秋天。阿爾卑斯的雪溪和新綠盎然的春天、最適合健行和登山的夏天、可觀賞美麗紅葉的秋天，每個季節都會呈現不同的面貌，這正是上高地的魅力所在。

健行時超級好用！
主要景點間的**移動時間表**

上高地除了大正池到上高地巴士總站的巴士區間外，都可恣意在大自然中步行移動。請考慮體力和時間，規劃輕鬆愉快的行程吧！

- 涸澤 — 橫尾（步行3小時10分）
- 橫尾 — 德澤（步行70分）
- 德澤 — 明神館（步行65分）
- 明神館 — 明神池（步行5分）
- 明神館 — 小梨平（步行45分）
- 明神池 — 岳澤濕原（步行45分）
- 小梨平 — 河童橋（步行5分）
- 岳澤濕原 — 河童橋（步行15分）
- 河童橋 — 上高地巴士總站（步行5分）
- 河童橋 — Weston碑（步行15分）
- 河童橋 — 田代橋·穗高橋（步行25分）
- 田代橋·穗高橋 — 帝国ホテル前巴士站（巴士3分）
- Weston碑 — 田代橋·穗高橋（步行10分）
- 田代橋·穗高橋 — 田代池（步行15分）
- 帝国ホテル前巴士站 — 大正池巴士站（巴士6分）
- 田代池 — 大正池（步行20分）

進階玩法
和專家一起找尋新發現！
旅遊導覽

如果想要更深入了解上高地，建議可以參與旅遊導覽。導遊會詳細介紹每個景點的資訊以及當地植物，添增散步樂趣。

可配合時間和需求的導覽MENU

上高地國家公園導覽
かみこうちナショナルパークガイド

備有能讓人夠充分感受大自然的路線。可在五千尺酒店內的報名處報名。

☎080-8808-5466
🕐4月下旬～11月15日、8:00～16:00
休開放期間無休 ¥1小時1人2592日圓～(1小時起可諮詢)
🚌上高地巴士總站步行5分

MAP P.31·35/附錄正面D-2

推薦每日不同的旅遊導覽
上高地遊客中心
かみこうちビジターセンター

由熟悉上高地自然生態的導遊帶領。從遊客中心到大正池和明神池，每天有不同的兩條路線。

☎0263-95-2606
🕐4月中旬～11月15日、8:00～17:00
休開放期間無休(旅遊導覽到11月上旬為止)
¥入館免費、旅遊導覽500日圓
🚌上高地巴士總站步行8分

MAP P.31·35/附錄正面D-2

飯店舉辦的旅遊導覽
上高地白樺自然學校
かみこうちしらかばしぜんがっこう

7月中旬～8月中旬每天舉辦的旅遊導覽。也有早晨或夜晚出發的特殊行程。

☎0263-95-2131(白樺莊酒店內)
🕐4月下旬～11月中旬
休開放期間無休(團體導覽需洽詢)
¥參加費用1000日圓～
🚌上高地巴士總站步行5分

MAP P.31·35/附錄正面D-2

上高地觀光的交通起點為
上高地巴士總站

上高地觀光中心裡有餐廳、賣店、行李寄放處、觀光服務處等，可視個人目的有效運用。在上高地資訊中心可得知開花情形和登山道狀態等「上高地當下」的最新資訊。另外，如果要登山的話，需提出登山申請。

路線巴士
回程 需使用乘車整理券！

從上高地巴士總站搭乘往新島島、乘鞍高原、白骨溫泉的路線巴士需要「乘車整理券（號碼牌）」。決定出發時間後，可儘早前往售票處領取。此外，因為有很多人在上高地巴士總站搭車，大正池巴士站可能會因為客滿而無法搭乘，因此回程建議在上高地巴士總站搭車。

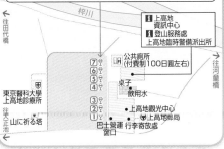

巴士乘車處
①計程車乘車處
②さわやか信州號新宿·東京·大宮·大阪方向·せせらぎ號(長野方向)
③名鐵巴士往名古屋
④往新島島·乘鞍高原·白骨溫泉的巴士
⑤往赤棚停車場(平湯溫泉)的接駁巴士
⑥備用
⑦往澤渡停車場的接駁巴士

🏢上高地資訊中心
🏢登山服務處 上高地臨時警備派出所
公共廁所(付費制100日圓左右)
桌子 飲用水
東京醫科大學 上高地診療所
往上高地觀光中心 上高地郵局
巴士營運 行李寄放窗口

要事先了解的基本資訊
上高地Q&A

上高地的觀光中心為河童橋，有許多觀光客來訪，非常熱鬧。以河童橋為中心規劃行程是最理想的方案。不妨配合步行路線，事先查好用餐和購買伴手禮的店家吧！

Q1 上高地的開山時間是什麼時候？
A 大眾運輸工具運行期間為4月中旬到封山的11月15日為止。在4月27日的開山儀式之後，就開始正式進入觀光季了。

Q2 當地可在哪裡獲得上高地的資訊？
A 澤渡巴士總站的「澤渡國立公園迎客廳」、上高地巴士總站的「上高地資訊中心」、河童橋附近的「上高地遊客中心」都有提供。 →P.27·53

Q3 上高地哪裡有餐廳或賣店？
A 住宿設施和巴士總站都有併設餐廳和賣店，尤其是河童橋周邊有特別多間飯店。從度假村午餐到輕食、外帶餐點，種類豐富，應有盡有。 →P.38·44

Q4 有住宿設施嗎？可以純泡湯不住宿嗎？
A 除了度假村飯店之外，還有山中小木屋風格的旅宿和露營區等，任君選擇。夏天遊客較多，最好儘早預約。溫泉旅館·上高地LEMEIESTA酒店和上高地溫泉飯店可以純泡湯不住宿；上高地阿爾卑斯飯店雖然不是溫泉，但也可以純泡澡不住宿。 →P.49·50

Q5 怎麼分辨梓川的右岸和左岸？
A 從河川上游往下游看，右側稱為右岸，左側稱為左岸。只要看著梓川的流向就能知道，可以看到穗高連峰的那一面為上游。

上高地地區的洽詢處
上高地資訊中心【期間】4月中旬～11月上旬	☎0263-95-2433
阿爾卑斯觀光協會	☎0263-94-2221
松本市山岳觀光課	☎0263-94-2307
上高地計程車共同配車中心【期間】4月中旬～11月上旬	☎0263-95-2350
澤渡溫泉觀光服務處	☎0263-93-1800
上高地觀光協會	HPwww.kamikochi.or.jp

穂高連峰

★★初級路線 1

景點滿載的上高地經典路線

大正池 → 河童橋 路線

（たいしょういけ）（かっぱばし）

這是從瀰漫著靜謐氛圍的大正池和清爽宜人的田代濕原，前往上高地的招牌觀光景點・河童橋的路線。平坦的木棧道輕鬆好走，景點滿載。

↑面對大正池的上游，初春時可看到殘雪覆蓋山頭的穂高連峰

從美不勝收的大正池出發！

步行即到

Start

●たいしょういけバスてい
大正池巴士站

建議從大正池巴士站下車後再前往河童橋。

上高地健行路線導覽

能盡享山岳度假勝地之美的3大路線

受到美麗大自然環繞庇護的上高地是日本第一個山岳度假勝地。接下來要徹底解說能夠遠眺穂高連峰和燒岳等群山，以及河童橋等知名景點的3大路線！

路線重點

沒有高低落差，是適合健行新手的輕鬆路線。可欣賞穂高連峰和燒岳等山岳絕景。也很推薦在晨間漫步於大正池和河童橋間。

可欣賞山岳風景，適合健行新手的路線

從大正池巴士站下車，下了階梯後就能看到燒岳倒映在水面上的❶大正池。原生林和濕地中鋪有平整的木棧道，前進不久後就能抵達❷田代濕原＆田代池。由此分成自然研究路的「梓川路線」和「林間路線」，兩條路線都很輕鬆好走，可悠閒漫步，享受健行氛圍。渡過能夠一覽穂高連峰的❸田代橋・穂高橋後，馬上就會抵達❹Weston紀念碑。終點則是以穂高連峰和梓川絕景聞名的❺河童橋。

路線DATA

步行時間	約1小時
步行距離	約3.7km
體力	★★★
技術	★★★
廁所	5處

MAP 附錄正面

洽詢處
上高地資訊中心
☎0263-95-2433

↑開在遊步道旁的花草也很值得一看

Goal
上高地巴士總站

5 河童橋
步行5分

4 Weston紀念碑
步行15分

3 田代橋・穂高橋
步行10分

林間路線
步行15分

自然研究路
梓川路線
步行即到

2 田代濕原＆田代池
步行20分

1 大正池
步行即到

大正池巴士站

Start

到此為止的交通情報在 **P.25**

明神池
往橫尾大橋
河童橋
❹❺
上高地巴士總站
❸
德澤
明神橋
❷
❶ 大正池巴士站

建議可在離田代橋步行5分的上高地帝國飯店享用午餐或下午茶！→P.38

4 前往Weston紀念碑 →P.30

步行10分

能夠遠望燒岳的大正池。由於泥沙淤積，面積正在逐年縮小中

燒岳

因火山爆發而形成的夢幻之池

1 大正池（たいしょういけ）

在清澄蔚藍的湖面佇立著好幾根枯木，這幅神祕的光景正是人氣的觀光景點。大正池為大正時代因燒岳火山爆發，岩漿堵塞梓川而一夜形成的堰塞湖，過去的森林如今依舊沉睡於池底。水面倒映的是噴氣孔至今依然活躍的燒岳。

逐漸照射到日光的燒岳，是早晨特有的美景

想看大正池的朝霧，建議可在上高地或澤渡住宿

Point
來去看大正池的朝霧！

早晚溫差大的夏天經常可以看到大正池的朝霧。由於是朝日完全升起前才看得到的景色，不妨趁著天黑時就出發吧！早晨偏冷，別忘了做好禦寒措施。

步行20分

在綠意盎然的濕原，遙望連綿不絕的穗高連峰

被原生林環繞、可遠眺穗高連峰的田代濕原

2 田代濕原&田代池（たしろしつげん&たしろいけ）

經年累月在枯黃水草堆積下形成的田代濕原，是能夠遠眺穗高連峰的知名觀景景點。田代池的伏流水湧自於從水池正面可看到的霞澤岳和六百山，即便在冬天也不會凍結。

由於水草堆積和泥沙淤積，田代池的大部分區域都已開始濕原化

田代橋和穗高橋是連接在一起的橋。視野觀景優美絕倫

橫跨於梓川之上的祕密拍照景點

3 田代橋·穗高橋（たしろばし·ほたかばし）

這裡是上高地首屈一指的觀景地點，可一覽穗高連峰的絕佳美景。過了這座橋可到位於對岸的Weston紀念碑；如果不過橋，繼續往前走的話，則可抵達上高地巴士總站和上高地資訊中心。

步行15分

不管走哪條路線，都可在田代橋前方集合！

經過**田代濕原**後，前往 **自然研究路**

梓川路線

以景觀自豪的涼爽散步道路

這是沿著梓川整備完善的步道前行，明亮且具開放感的路線。穗高連峰聳立於梓川對面，眺望時的視野絕佳。也可從散步道路途中繞到河邊。

從木棧道和河邊越過梓川可遠眺燒岳景色

林間路線

感受生命的原生林木棧道

這是走在延伸到原生林深處和濕地一帶的木棧道路線。雖然有點高低起伏，但可在裡面做森林浴，並遠眺霞澤岳和六百山的景觀。有時還能遇到野生猴子和松鼠。

以野鳥的婉轉鳴唱為BGM，在韋氏冷杉樹林中漫步

步行即到

延續 P.29

上高地首屈一指的觀光景點

5 ●かっぱばし
河童橋

散步的終點為上高地的中心——河童橋。這座橫跨於清澈梓川之上的木造吊橋為上高地代表性景點。梓川對面聳立著最高峰為奧穗高岳的穗高連峰和燒岳，是拍照攝影的人氣景點。

步行15分

在河童橋發現猴子！

Point

為什麼會取名為河童橋？

有一種說法是說因為這附近的深淵有河童棲息。而這座橋也成了芥川龍之介的小說《河童》的故事舞台。

↓有許多觀光客來訪的河童橋

Point

近代登山開拓之父 Walter Weston

明治時代，由於被日本阿爾卑斯山脈吸引，Walter Weston在其著作《日本阿爾卑斯的登山與探險》中向世界介紹了日本阿爾卑斯山脈的存在。當中也提到了一起登上前穗高岳頂峰的登山嚮導上條嘉門次。

↑現在的紀念碑為建於1965（昭和40）年的第2代

讓日本阿爾卑斯的魅力廣傳於世的Weston

4 Weston 紀念碑

英國傳教士Walter Weston是將日本阿爾卑斯的魅力廣傳於世的大功臣。為了讚揚他的豐功偉業，1937（昭和12）年在上高地LEMEIESTA酒店（舊上高地清水屋酒店）附近設置了Weston紀念碑。每年開山時期會在6月的第1個週日舉行Weston紀念活動。

橫跨於透明度高的梓川之上的河童橋，可就近感受梓川的淙淙流水

從右岸也能下到河岸邊！

步行5分

Goal

●かみこうちバスターミナル
上高地巴士總站

距離河童橋最近的巴士站為上高地觀光的中心地——上高地巴士總站。

下游
View
燒岳

聳立於下游的是位於長野縣與岐阜縣境的燒岳，海拔2455m，是北阿爾卑斯數一數二的活火山，可看見從火山口裊裊上升的白色噴煙。

上游
View
穗高連峰

聳立於梓川上游的穗高連峰。以日本第3高峰·海拔3190m的奧穗高岳為首，都是登山家們嚮往的名峰。

➡近河童橋的梓川沿岸為寬廣開放的道路

➡上高地溫泉飯店的足湯。免費開放，可隨意使用

5 河童橋 📷

➡6月下旬～7月下旬有唐松草盛開

日本山岳會上高地山岳研究所

View Point 📷

P54 上高地白樺莊酒店
P27 上高地白樺自然學校
P40 P43 ロビーカフェル・プラン
P41 Restaurant・小梨
P43 河童の休憩所

P48 山旅舍 五千尺小木屋
P40 五千尺小木屋食堂
P41 P43 カフェテリア トワ・サンク
P51 上高地西糸屋山莊
P41 P43 Green Pot

4 Weston 紀念碑

上高地資訊中心

P49 上高地阿爾卑斯酒店
P41 上高地阿爾卑斯酒店餐廳

上高地觀光中心
P39 上高地食堂
P39 上高地 アルピコショップ

🚻上高地 遊客中心 P27.35

五千尺酒店 P48
上高地國家公園 導覽 P27
The GOSENJAKU P27
河童食堂 P40
5HORN P43
上高地の おみやげ屋さん P41.43

View

六百山 的觀景地點

位於上高地溫泉飯店前、寬廣開放的展望空間。可越過梓川看到對岸的六百山和霞澤岳全貌。左起為六百山、三本槍、霞澤岳。

➡穿過鳥居，在巨大的樹木前有祭祀山神的大山神社

➡前往西穗高岳登山道的入口

上高地LEMEIESTA酒店 P50
P38 Restaurant La Riviere
P38 リバーテラス 香風音
P42 Lobby Lounge

P50 上高地溫泉飯店
P38 P42 やまのらうんじ
P31 足湯

3 田代橋・穗高橋

可從橋上遙望梓川和穗高群山的絕佳觀景點。

西穗高岳登山道

木棧道
北薰草
燒岳登山口
自然研究路 梓川路線

15分
15分

自然研究路 林間路線

日本觀冷杉 摩氏冷杉

蓮華躑躅 細稈羊鬍子草

➡上高地有灰頭鵐、赤腹鶇、短翅樹鶯等超過100種的鳥類棲息

由泥沙和枯萎的植物堆積而成的濕原。遠望穗高連峰的景色相當壯觀。

池水的顏色千變萬化，是個美不勝收的狹淺池塘。水面倒映著霞澤岳。

2 田代濕原

在正大正池裡暢泳

燒岳小屋

蓮華躑躅

細稈羊鬍子草・濕生薑草 圓葉茅膏菜・泥炭蘚 蓮華躑躅

📷

2 田代池

帝國ホテル前 8分
上高地帝國飯店 P46
Alpenrose
あずさ庵 P38
Grindelwald P42

25分
25分
5分
8分

📷

➡「上高地のおみやげ屋さん」旁有飲水場

➡上高地內的廁所為付費制

Goal 上高地巴士總站

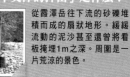

前往上高地的巴士出發和抵達處。有候車室和賣店。回程時人會很多，最好從這裡搭車。

Point 「中千丈澤的押出」是什麼？

從霞澤岳往下流的砂礫堆積而成的扇狀地形。緩緩流動的泥沙甚至還曾將看板掩埋1m之深。周圍是一片荒涼的景色。

1 大正池

➡可以租借小船的大正池。從池上眺望的風景別有一番風味

Restaurant Lake View P49 大正池飯店
P39 P42

中之湯溫泉

綠頭鴨
岩魚
棧道

Start 大正池巴士站

有標識就不會迷路了

View 大正池展望所

設於大正池飯店旁的展望台。據說這裡是攝影師爭相聚集的拍照景點，可從比池畔稍高的位置，越過大正池眺望燒岳和穗高連峰。

Point 發放上高地散步導覽

由上高地遊客中心發行的「上高地散步導覽」（100日圓），針對動物和季節性植物有詳盡的解說。設置於大正池和自然研究路附近。

➡在自然研究路等處設置了無人販賣所

★初級路線

2

穿過原生林之森，前往神域中的靜謐之池

河童橋→明神橋路線
かっぱばし　　　みょうじんばし

這是從河童橋前往延伸於明神岳山腳下的神域・明神池的路線。
可盡情感受具有存在感的巨大樹木和流經森林的小河等大自然環繞的上高地。

有時間的話，
建議可從
大正池繼續
走下去喔！

步行即到

Start

●かみこうちバスターミナル
上高地巴士總站

上高地觀光的交通據點——巴士總站是這個路線的起點站&終點站。

步行5分

可遠眺六百山的美麗濕原

2
●だけさわしつげん
岳澤濕原

這個由湧泉形成的濕原是眺望六百山的絕佳景點。水裡有岩魚和河鱒，還可看到綠頭鴨和鴛鴦出沒。6月中旬～下旬有蓮華躑躅、7月中旬有北萱草盛開，為濕原點綴色彩。

步行15分

濕原上的甲板是拍照的絕佳場所！

→位於路線途中的東北紅豆杉大樹。由於相較其他樹木，成長較為緩慢，為了從樹葉間獲得陽光，樹枝會繁茂地向外伸展

橫跨於梓川之上、
上高地最知名的景點

1
●かっぱばし
河童橋

從河童橋出發，有梓川右岸步道和梓川左岸步道兩條路線。這裡將介紹從右岸步道渡過明神橋，前往左岸步道的路線。

→可遠眺穗高連峰的河童橋。有很多觀光客在此拍攝紀念照片

↑設有木頭甲板，可從這裡眺望濕原

路線DATA

步行時間	約2小時
步行距離	約7km
體力	★★★
技術	★★★
廁所	5處

MAP 附錄正面

在高低起伏的原生林中漫步的路線

人氣極高的聖地——明神池是這條路線的主要景點。第一個景點為①河童橋，這次可以趁還有體力的時候，從右岸步道前往。小小的濕原②岳澤濕原是第一個拍照景點，穿過此處就會來到位於原生林和水邊的③梓川右岸步道，前半段為平坦的木棧道，後半段開始會有高低起伏。做完森林浴，抵達梓川沿岸尾端後，明神池就在不遠處。參拜完④穗高神社奧宮後，就可以前往⑤明神池，建議可在⑥嘉門次小屋餐休息。渡過⑦明神橋後，在可以看見上高地·明神館的地方，進入⑧梓川左岸步道，這邊都是平坦的道路。穿過小梨平後，就會回到①河童橋。

路線重點

這是右岸和左岸連結的路線。林道和水邊變化多端的景觀非常迷人。右岸步道較為顛簸，距離較遠，但離明神池稍微近一些。左岸步道距離較短，鬆軟的白沙地和下白澤的堆積地形為一大看點。

到此為止的交通情報在 P.25

Goal

8	7	6	5	4	3	2	1	Start
上高地巴士總站	梓川左岸步道	明神橋	嘉門次小屋	明神池	穗高神社奧宮	梓川右岸步道	岳澤濕原	河童橋	上高地巴士總站

步行55分　步行即到　步行5分　步行即到　步行即到　步行45分　步行即到　步行15分　步行5分

→請勿靠近或餵食猴子

5 明神池
往橫尾大橋
2 3
河童橋 6 4
1
8 德澤
上高地巴士總站
明神橋 7

大正池

➡️意趣盎然的穗高神社奧宮鳥居。穿過這裡就會進入神域

步行45分

➡️上面畫有河童橋的奧宮原創御守

⬇️前往參拜、祈禱旅途平安。旁邊就是前往明神池的入口（參拜費300日圓）

參拜守護日本阿爾卑斯的山神

（ほたかじんじゃおくみや）

4 穗高神社奧宮

祭祀的神明為穗高見命，是日本阿爾卑斯的總鎮守。穗高神社的嶺宮供奉於奧穗高岳的山頂，本宮則是在安曇野市。上高地（原名為「神垣內」）之名的由來正是源自穗高神社祭祀的神明穗高見命。

步行即到

岩魚徜泳的清澈神祕之池

（みょうじんいけ）

5 明神池

位於穗高神社奧宮神域的水池。狀似葫蘆，有一之池和二之池，曾經還有三之池，後來消失了。明神池為湧泉所形成的水池，水面相當寧靜。前往明神池需另付300日圓參拜費。

⬆️後方的水池為二之池，碑上寫著「明」字

為什麼「明」字會寫作「眀」？

仔細看碑上文字會發現「明」的日邊多了一橫，寫成「眀」。日文訓讀念作「miru」，是希望人們可以看得更明白，才寫成「眀」字。

Point

參觀御船神事

明神池在每年10月8日都會舉行穗高神社奧宮例大祭，其中一個儀式為「御船神事」，將有龍頭和鷁（一種大型水鳥）首的御船放在水面漂浮，祈禱一整年山中平安。請務必體驗看看平安朝的優雅祭典。

步行即到

6 往嘉門次小屋
→P34

⬆️森林中的清流舒適療癒，長滿苔蘚的景色也很優美

療癒的原生林和涼爽的水邊道路

（あずさがわうがんほどう）

3 梓川右岸步道

梓川右岸的散步道。行走途中可欣賞到千變萬化的原生林和小河景色。右岸步道比左岸步道略為顛簸，因此最好多預留一些時間。

➡️上坡為平緩的階梯步道，方便好走

Point

在起伏的道路上健行

右岸步道後半段會開始反覆出現高高低低的路段，行走時最好適度休息，不要勉強前進。

⬆️一路都是方便好走的木棧道，記得不要走到木棧道外面去

如鏡面般澄淨的明神池一之池。有明神岳的伏流水自池底湧出

從水池中可以感受到能量！

鹽烤岩魚
真好吃！

Goal

●かみこうちバスターミナル
上高地巴士總站

← 步行55分

Point

● 白沙地的碎粒
白沙地和石頭都是花
崗岩的碎粒。也可當作
休息場所

廣大的白沙地形成的下白澤堆積地形

自六百山流下的岩礫經年累月堆積而成的這塊地形稱為「下白澤押出」。這一帶全被白沙地覆蓋，走在鬆軟的沙地上感覺很舒服。

可以吃到現烤的岩魚
令人大快朵頤的餐廳

踩在白沙上的
平緩步道

●あずさがわさがんほどう

8 梓川 左岸步道

輕鬆好走的左岸步道上四處分布著東北紅豆杉和華東椴等巨大樹木。除了春榆、岳樺等闊葉樹森林之外，還有日本落葉松、日本鐵杉等針葉樹森林。可以仔細觀察不同氛圍的森林和植物。

← 大啖名產烤岩魚！恰到好處的鹽烤風味美味絕倫

← 蘋果汁500日圓。使用安曇野產的完熟蘋果製作而成

● かもんじごや

6 嘉門次小屋

延續 P.33

135年前建於明神池畔的小屋，曾是擔任Walter Weston登山嚮導的上條嘉門次住處。現在作為餐廳兼旅宿而大受歡迎。內部有地爐間，提供現烤岩魚。

✆ 0263-95-2418
🕐 4月下旬～11月中旬、餐廳為8:30～16:30
🚫 開放期間無休
💴 嘉門次小屋的住宿費用為1泊2食8000日圓

MAP P.35/附錄正面 G-2

↑ 鹽烤岩魚1000日圓。要烤之前才從養殖籃中撈起，非常新鮮

← 步行5分

← 左岸沒有特別明顯的高低落差，可在森林中輕鬆漫步

↑ 步行即到

→ 用地爐精心燒烤50分鐘的岩魚，連頭和骨頭都能吃

橫跨於梓川上的明神橋。明神岳的尖聳山貌令人印象深刻

明神岳

可眺望明神岳
的絕景之橋

● みょうじんばし

7 明神橋

從明神池再往前走一點就會抵達這座吊橋。從橋上可眺望明神岳壯觀雄偉的樣貌，也是適合拍照攝影的景點。此處為本路線的中間地帶，折返時可走左岸步道。

在上高地露營！

●もりのリゾートこなし

森之度假村小梨

位於小梨平的「森之度假村小梨」露營區位於落葉松林中，占地廣大，有常設帳篷也有小木屋，住宿很方便。

☎ 0263-95-2321
🕐 4月21日～11月3日 開放期間無休
🏠 松本市上高地
💴 露營費用 1人（中學生以上）800日圓、常設帳篷5人用6000日圓
🚌 上高地巴士總站步行10分
MAP P.35/附錄正面 D-2

↑常設帳篷可利用期間為5月中旬到9月下旬

View

↓小梨平附近寬廣的落葉松林。秋天時會染成一片金黃色，非常漂亮

View

←從森之度假村小梨眺望的穗高連峰是人氣的拍照景點

休憩處推薦！

手工蛋糕和講究的咖啡

●カフェドコイショ

Cafe do Koisyo

可品嘗甜點師傅親手做的手工蛋糕和講究的焙煎濾泡咖啡。登山休息時不妨進來坐坐。

☎ 0263-95-2211
🕐 4月下旬～11月上旬、7:00～17:00〈LO16:00〉
🏠 開放期間不定休
💴 旅莊 山之褶屋的住宿費用為1泊2食11000日圓
MAP P.35/附錄正面 G-2

↑擁有滑順口感的烤布蕾800日圓是甜點師傅的自信之作
↓一進門就可看見吊燈的照明

←位於嘉門次小屋前的登山嚮導上條嘉門次的紀念碑

3 梓川右岸步道

4 穗高神社奧宮

5 明神池

6 嘉門次小屋

7 明神橋

清澈的流水中可看到青苔岩石之美。

P.35 Cafe do Koisyo
旅莊 山之褶屋
嘉門次紀念碑

2 岳澤濕原

木棧道延伸到濕原當中，竹葉間草間面面美不勝收。眺望六百山的景色也很迷人。

1小時

1 河童橋

P.41 P.49 上高地阿爾卑斯飯店

木棧道
蓮華躑躅
木棧道

上高地白樺莊酒店 P.54
上高地白樺自然學校 P.27
ロビーカフェ ル・ブラン P.40 P.43
Restaurant小梨 P.41
河童の休憩所 P.43

小梨平食堂・賣店
上高地露營中心
森之度假村小梨 P.35

天然落葉松林

草東假

東北豆杉

50分

下白澤押出（堆積地形）

P.36 P.51 上高地 明神館

WC

清水川

上高地遊客中心 P.27 P.35
五千尺酒店 P.48
上高地國家公園導覽 P.27
The GOSENJAKU P.40
河童食堂 P.40
5HORN P.43
上高地のおみやげ屋さん P.41 P.43

山旅舍 五千尺小木屋 P.48
五千尺小木屋食堂 P.40
カフェテリア トワ・サンク P.41 P.43
上高地西糸屋山莊 P.51
Green Pot P.41 P.43

上高地觀光中心
上高地食堂 P.39
上高地アルピコショップ P.39

上高地資訊中心

Start & Goal
上高地巴士總站

View Point

8 梓川左岸步道

有可以來到河岸邊的場所

下白澤的堆積地形附近可看到梓川，也

沿著河岸走出來就可以看見明神岳！

↑餵食野鴨飼料會破壞生態系統，因此嚴禁餵食

→前往穗高神社奧宮的參拜道路就從「上高地 明神館」前的石碑開始

穗高奧宮

↓建於上高地起始地的朝霞旅宿「上高地明神館」裡也有餐廳

Point
上高地好喝的水源來自於清水川

流經上高地遊客中心旁的清水川，是湧出後才短短300m就和梓川匯流的小清流。水溫一年四季都在6℃左右，不會乾涸也不會混濁，這裡的水為上高地的飲用水來源。

↓綠色水草為生長在清流中的梅花藻。會開白色的花

了解上高地的自然生態

●かみこうちビジターセンター

上高地遊客中心

館內設有可學習上高地自然生態的展示，也可申請旅遊導覽。建築物入口展示了前2代河童橋的欄杆。

←也有販賣原創商品

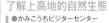

詳細請看 → P.27

中級路線 3

連接登山路線，正式的高山健行

明神→德澤・橫尾路線

みょうじん　とくさわ・よこお

明神前方是通往涸澤和穗高岳的登山路線。到橫尾為止雖然技術方面並不困難，但距離較長。如果只走到德澤的話，可以當日來回；如果想再往前走，最好在此過夜。

這裡是明神的路標。

有泉水湧出的靜謐水池

步行25分

在建於明神的獨棟旅宿小憩片刻

●かみこうちみょうじんかん

1 上高地明神館

位於穗高神社奧宮參拜道路入口的旅宿，兼營咖啡廳和賣店。從這裡可就近看到明神岳的雄偉樣貌。推薦鹽烤岩魚定食。

↑許多觀光客和登山客會在這裡休息片刻後再出發

住宿資訊請看 → P.51

經由梓川左岸步道

Start

●かみこうちバスターミナル

上高地巴士總站

步行55分

●ふるいけ

2 古池

從明神稍微往前走，有一座小小的水池。池底的沙子因為湧泉而往上噴的模樣，看起來相當有趣。也可看到綠頭鴨和鴛鴦徜泳的姿態。

從池中咕嚕咕嚕地湧出！

路線重點

這是登山客才會走的道路，觀光客很少，可以享受寧靜的高山健行時光。

如果是來散步的，建議可走到有提供午餐，並且方便當日來回的德澤園。

如果要走到橫尾大橋，最好可以安排2天1夜的行程，體力上比較不會有負擔。

如果覺得只到明神不夠的話，可以往位於上高地最深處的橫尾前進。在❶上高地明神館休息片刻之後，從梓川左岸的遊步道前進。途中經過的❷古池是個瀰漫著神祕氣息的小水池，可以看到水從池底湧出的模樣。從這裡到❸德澤，約走40分鐘即可到達。如果體力和時間有限的話，可在德澤住宿。眺望垂直聳立的屏風岩，穿過新村橋步行1小時後，就可以看到有很多前往穗高岳的登山客熱鬧聚集的❹橫尾大橋。

配合體力安排的 2天1夜路線

注意

上高地BT→橫尾大橋 約路程3小時10分

沒時間的話，就在德澤往返

從上高地巴士總站到橫尾大橋來回，光走路就得花上6小時以上，需特別注意時間安排。如果只到德澤來回約4小時，比較有機會當日來回。

Goal　4　3　2　1　**Start**

回上高地巴士總站	橫尾大橋	德澤	古池	上高地明神館	經由梓川左岸步道	上高地巴士總站	到此為止的交通情報在
	步行1小時10分	步行40分	步行25分	步行55分			

前往涸澤登山

步行3小時10分

步行3小時10分

P.25

河童橋　明神池　往橫尾大橋 4

上高地巴士總站　2 古池　1 上高地明神橋　3 德澤

大正池

→群生於德澤的鵝掌草

路線DATA

步行時間	約3小時10分
步行距離	約7km

※上高地巴士總站到橫尾大橋往返約6小時20分，步行距離約14km。

體力	★★★
技術	★★★
廁所	3處

MAP P.14 F-2・3

36

經由涸澤，
Point
爬上穗高岳吧！

從涸澤到奧穗高岳會抵達被稱為seitengrat（支稜線）的路線，到達位於山脊的穗高岳山莊約要2小時30分，由此到達山頂約需50分左右。路上都是岩石，相當險峻難走。

需要正式裝備、體力和經驗的路線

注意
橫尾大橋前方就是正式的登山道路

從這裡開始就是正式的登山道路，對新手來說可能會有點難度。尤其從橫尾到涸澤都是上坡路，因此需要做好準備，可先住個1晚儲存體力。

方便登山的小木屋
●よこおさんそう
橫尾山莊

通往槍岳和穗高岳的登山據點。建於橫尾大橋旁的山中小木屋，裡面備有完善的浴池。

☎0263-95-2421 ⏰4月下旬～11月上旬 🏠開放期間無休 ¥1泊2食10000日圓 **MAP P.14 F-2**

➡建議可在登山前住1晚

涸澤小屋

★穗高岳

⛺WC 涸澤露營區

🏠涸澤山中小木屋

涸澤圈谷

覆蓋北阿爾卑斯的冰河退去之後切割出來的地形稱為「涸澤圈谷」。

➡伏流水宛如小型瀑布般朝梓川注入

屏風岩
本谷橋

急速下坡，需小心。

前方可看見涸澤圈谷。

持續上坡路。

横尾大橋

4
横尾大橋

1小時10分

⛺露營區
WC 橫尾山莊

➡讓人神清氣爽，輕鬆好走的林道

明神池

♨穗高神社奧宮

WC 旅莊 山之褶屋

嘉門次紀念碑

明神橋
上高地明神館
WC

25分

可以清楚看到梓川的流水

梓川
WC

40分

冰壁之宿
德澤園 ➡51

⛺德澤露營區
德澤小屋

3
德澤

1
上高地明神館

和上高地的大自然合為一體！
●とくさわキャンプじょう
德澤露營區

四周為春榆森林，曾為牧場的此地目前為露營區。喜歡戶外活動的人可以在此親身感受上高地早晚的大自然氣息。

➡到處可見色彩繽紛的帳篷

☎0263-95-2508（冰壁之宿 德澤園）
¥1人700日圓（租借帳篷1組7500日圓） **MAP P.14 F-3**

➡設立於穗高岳登山的前進基地──橫尾的大橋

2
古池

➡路上雖然滿是樹林，但處處可眺望梓川

只走到德澤也可以玩得很開心！

擁有春榆樹林的美麗草原
步行**40分**
●とくさわ
3 德澤
住宿

以前這裡是牛的放牧地，因此露營區直到現在還可看見一整片牧草。從這裡到橫尾還有一段距離，最好在此補充水分，上完廁所再出發。

步行**1小時10分**

若要住宿可以來這裡！

可看到雄偉壯觀的穗高連峰主稜線

4
●よこおおおはし
橫尾大橋

橫跨於梓川上游的橫尾大橋是前往涸澤和穗高岳的登山道路出發地點。接下來就是正式的登山道路，因此需要充足的裝備。

步行**3小時10分**
往上高地巴士總站
若要返回

步行**3小時10分**
往涸澤
若要登山

午餐&住宿推薦！

●みちくさしょくどう
みちくさ食堂

德澤園的外來餐廳，可品嘗到最受歡迎的野澤菜炒飯、蕎麥麵和烏龍麵等。使用德國製機器沖泡的咖啡550日圓也相當美味。

☎0263-95-2508 ⏰7:00～16:00

➡感覺相當時髦的餐廳

➡使用自製野澤菜的野澤菜炒飯900日圓

➡身體疲憊時，最適合吃濃醇的霜淇淋400日圓

冰壁之宿 德澤園 **MAP P.14 F-2**

●ひょうへきのやどとくさわえん

德澤園一開始是在明治初期作為牧場管理員的小屋，曾在井上靖的小說《冰壁》中出現。作為北阿爾卑斯的登山基地，自古以來就受到登山家喜愛。

住宿資訊請看➡P.51
住宿伴手禮請看➡P.45

復古摩登的山中小屋旅宿。餐廳設有露台座

度假村午餐

在度假村飯店享用午餐，度過優雅時光，或是在氣氛輕鬆的餐廳品嘗山中美食，都是上高地的樂趣。信州的飲食文化博大精深，一起享用這些珍貴獨特的美食餐點吧！

飯店特有的足湯

飯店設有溫泉

可在沙發上悠閒小憩的午餐時間

大正池・田代橋周邊

在大正池到河童橋的散步路線上，有山岳度假勝地的代表性飯店上高地帝國飯店、能夠眺望大正池的飯店，以及有溫泉的飯店等各種風格獨特的旅宿。不妨在散步途中前往享用午餐吧！

在山中小木屋餐廳品嘗傳統美味

漢堡排起司咖哩
1250日圓
烹調人員精心製作的原創咖哩，上面有漢堡排＆起司。

上高地溫泉飯店 →50

やまの らうんじ
這是深受許多文人喜愛的上高地溫泉飯店的Lobby Lounge。除了美味順口的中辣咖哩飯890日圓之外，免費提供的「清水川水」也很受歡迎。
📞0263-95-2311
🕐4月下旬～11月中旬、11:00～14:00〈LO〉 🈺開放期間無休
MAP P.31/附錄正面 B-3

信州蛋包飯和紅酒燉牛肉
2950日圓
日式傳統的紅酒燉牛肉醬汁加上信州當地產的雞蛋，搭配帶有酸味的番茄飯，風味絕佳。

Restaurant La Riviere
使用安曇野當地產的食材和當季食材進行料理，除了法式全餐之外，還可輕鬆嘗到牛排咖哩、義大利麵等正統洋食的人氣餐廳。
📞0263-95-2121
🕐4月下旬～11月中旬、11:30～14:00(LO13:30)〈僅供午餐〉 🈺開放期間無休
MAP P.31/附錄正面 B-3

上高地LEMEIESTA酒店 →50

Alpenrose
如瑞士的山中小木屋般小巧可愛的餐廳，採用安曇野產食材的洋食大受好評。最具人氣的蛋包飯以蛋呈現燒岳；以醬汁呈現大正池風貌的玩心令人愉悅。
📞0263-95-2001 (代表號)
🕐4月下旬～11月上旬、11:00～14:30〈LO〉 🈺開放期間無休
MAP P.31/附錄正面 C-3

上高地帝國飯店 →46

↑店內可感受到木頭的溫馨氣息

有開放式廚房的店內，空間寬敞舒適

使用精選食材的洗練料理

牛排咖哩＋沙拉套餐
2700日圓
以番茄為基底的濃稠咖哩醬汁能襯托出牛排的美味。

深刻的飯店和食餐廳
紅色屋頂令人印象

◎あずさあん

あずさ庵
上高地帝國飯店裡的和食餐廳，內部裝潢高貴典雅。使用信州產土雞「真田丸」做成的親子丼肉質鮮美，口感絕佳。另外也很推薦天婦羅竹籠蕎麥麵。
📞0263-95-2001 (代表號)
🕐4月下旬～11月上旬、11:30～14:00〈LO〉 🈺開放期間無休
MAP P.31/附錄正面 C-3

上高地帝國飯店 →46

信州地雞真田丸 親子丼
2400日圓
肉質紮實的信州產地雞「真田丸」，和風味濃醇的棕色雞蛋是最佳拍檔。

在名門飯店中品嘗嚴選食材，是相當奢侈的享受

優美的景觀是美食的調味料

紅酒牛肉燴飯
1300日圓
加入長野縣產的鴻喜菇等較大塊的食材，是限量的料理。

山菜蕎麥麵
830日圓
加入大量山菜的蕎麥麵是人氣料理之一。不僅健康滿點，分量也很充足。

在可遠眺穗高連峰的餐廳品嘗滋味非凡的當地美味

かみこうちしょくどう
上高地食堂

這是位於上高地巴士總站裡的餐廳，登山客經常聚集於此，相當熱鬧。有很多使用山菜、岩魚等當地食材的料理。

📞0263-95-2039
🕐4月中旬～11月15日、6:00～16:30〈LO16:00〉（有季節性變動）　🏠開放期間無休

⬆寬敞明亮的餐廳

MAP P.31・35/附錄正面 D-3

Restaurant Lake View

地點位於可正面看到燒岳和大正池的絕佳位置。除了和、洋食的午餐菜單之外，信州產果汁和飯店原創的精釀啤酒等飲品類也大受好評。

📞0263-95-2301　🕐4月下旬～11月中旬、7:00～16:00〈LO15:30〉　🏠開放期間無休

MAP P.31/附錄正面 A-6

⬅透過大片窗戶看到的大正池相當壯觀

大正池飯店 ➡ 49

Ⓒ **上高地河童燒**
1個200日圓

可愛的河童臉造型

⬅上高地食堂1F的賣店販售的點心。內餡有紅豆、卡士達和紅豆＆奶油起司等三種口味

Ⓐ Ⓑ
河童的午飯
1100日圓

充滿信州魅力的便當

⬆內含長野縣產豬肋排的信州味噌燒，彷彿吃著充滿愛心的手作便當

在河風吹拂下享受戶外餐點
外帶餐點
Takeout

這個地區到處都有賣上高地LEMEIESTA酒店的便當。可一邊眺望梓川，一邊享用！

Ⓐ **厚切三元豬炸豬排三明治** **850日圓**

リバーテラスかふーね
Ⓐ リバーテラス 香風音

建於梓川沿岸的上高地LEMEIESTA酒店的露台座。可以購買Lobby Lounge（→P.42）的蛋糕和便當到戶外享用午餐。

📞0263-95-2121　🕐4月下旬～11月中旬、8:00～15:30〈LO〉　🏠開放期間無休

MAP P.31/附錄正面 B-3

⬅在洋傘底下悠閒享用午餐

厚片豬排、分量十足

➡將三元豬的炸里肌肉切成厚片，加上高麗菜和吐司的三明治。軟嫩的豬肉和微甜的醬汁搭配得恰到好處

かみこうちアルピコショップ
Ⓑ 上高地アルピコショップ

位於上高地巴士總站的觀光中心1樓的賣店，有賣御燒、便當和霜淇淋。有點餓的時候不妨多加利用。

📞0263-95-2010　🕐4月下旬～11月中旬、8:00～17:00　🏠開放期間無休

MAP P.31・35/附錄正面 D-3

使用高級食材的頂級便當

Ⓐ **河童的昼御膳**
1600日圓

かみこうちしょくどう
Ⓒ 上高地食堂 　詳細請看➡本頁左上

🕐4月中旬～11月15日、6:00～16:30〈LO16:00〉（有季節性變動）　🏠開放期間無休

➡將A3～A4等級的飛驒牛使以特調醬汁熬煮的特製牛丼，加入當地的山菜、甘露煮虹鱒等高級食材和當地食材，較為豪華的便當

品嚐傳統的多蜜醬汁，享受最幸福的一刻

燉牛肉午間
A套餐
4860日圓
燉煮20小時以上的牛肉軟嫩無比。因為是人氣套餐，需電話預約。

◎ザゴセンジャク
The GOSENJAKU

堅守傳統美味的五千尺料理餐廳。推薦該店的招牌燉牛肉，所使用的多蜜醬汁從炒蔬菜開始全部都是以手工製作。

📞0263-95-2111
🕐4月下旬～11月中旬、11:00～13:30〈LO〉 休開放期間無休
MAP P.31·35/附錄正面 D-2

↑配置著松本民藝傢俱的店內充滿古典的氣息

▶五千尺酒店 →48

河童橋周邊

上高地代表性的觀光景點——河童橋周邊有五千尺酒店等併設餐廳、賣店的飯店林立，可以在散步前來此吃個點心，或是在散步後來此用餐。

↑面對梓川的窗戶可遠眺河童橋和穗高連峰

分量滿點！
可在散步途中墊墊肚子

◎かっぱしょくどう
河童食堂

可輕鬆品嚐到五千尺酒店美味料理的餐廳。在享用以名物鄉土料理為主的山賊定食之前，不妨先讓肚子餓個徹底。堅守傳統美味的地瓜豬肉味噌湯定食也很受歡迎。

📞0263-95-2111
🕐4月下旬～11月中旬、10:00～15:00〈LO〉（夏季有時會延長） 休開放期間無休
MAP P.31·35/附錄正面 D-2

▶五千尺酒店 →48

山賊定食 **1680日圓**
據說是取山賊「詐取財物」和「炸雞肉」的日文諧音而命名的鄉土料理。

想在上高地享用義大利麵的話，選這裡準沒錯！

◎ごせんじゃくロッヂしょくどう
五千尺小木屋食堂

每天更換菜色的義大利麵或披薩加沙拉、甜點的午間套餐相當受歡迎。這是在松本市內經營義式餐廳的五千尺集團才能做出的美味，請務必品嚐看看。

📞0263-95-2221
🕐4月下旬～11月中旬、11:00～13:30〈LO〉 休開放期間無休
MAP P.31·35/附錄正面 D-2

↑明亮的店內可就近感受大自然

▶山旅舍 五千尺小木屋 →48

義大利麵午餐
1850日圓
愛吃麵食或義大利麵的人都會喜歡的絕佳美味。有兩種醬汁可供選擇。

不會覺得辣的王道歐風咖哩

信州牛肉咖哩
2470日圓
以信州產蘋果、優格、辛香料、蔬菜燉煮的咖哩醬汁，和信州牛是最佳拍檔。

◎ビーカフェル・ブラン

使用簡約的原木傢俱呈現統一感的上高地白樺莊酒店茶室。在可一覽穗高連峰的店內享用信州牛肉咖哩，別有一番風味。

📞0263-95-2131
🕐4月下旬～11月中旬、11:30～14:00〈LO13:30〉（咖啡廳為10:30～14:30） 休開放期間無休
MAP P.31·35/附錄正面 D-2

▶上高地白樺莊酒店 →54

蔬菜咖哩
500日圓
使用信州味噌提味的蔬菜咖哩。刺激的口感能夠添增食欲。

以平易近人的價格享受正宗美味

◎かみこうちアルペンホテルレストラン
上高地阿爾卑斯飯店餐廳
可輕鬆享用飯店美味的好康餐廳。平日午餐的蔬菜咖哩和咖啡套餐只要600日圓，還可外帶料多味美的義式蔬菜湯。
☎0263-95-2231 ⏰4月下旬~10月下旬、11:30~13:30〈LO13:00〉 休開放期間無休
MAP P.31・35/附錄正面 C-2
➡建於離散步路線有點距離的小丘上
上高地阿爾卑斯飯店→**49**

➡白色露台很有山莊的氛圍

山賊燒定食
1080日圓
淋在酥脆麵衣上的柚子醋果凍風味絕佳，味道、分量都令人大大滿足。

Green Pot
深受登山客歡迎的上高地西糸屋山莊併設的咖啡廳。首推鮮嫩多汁的雞肉裹上酥脆麵衣油炸的山賊燒定食。除了白飯還會附上小碗的蕎麥麵。
☎0263-95-2206 ⏰4月下旬~11月中旬、11:30~13:30〈LO〉（咖啡廳10:00~14:30〈LO14:00〉）休開放期間無休
MAP P.31・35/附錄正面 C-2
上高地西糸屋山莊→**51**

在山莊咖啡廳享用絕品山賊燒

Ⓒ **義式蔬菜湯**
500日圓

能夠暖和身子的蔬菜湯

➡燉煮了2天之久的義式蔬菜湯濃郁可口。加入滿滿的料，吃起來相當滿足。搭配麵包的套餐只要一個銅板，相當經濟實惠

➡安曇野產的越光米加上信州產鴻喜菇＆舞菇和照燒地雞。樸實的風味正是令人放鬆安心的當地美味

滿滿的信州產香菇

Ⓓ **香菇飯便當**
830日圓

Ⓐ ◎かみこうちのおみやげやさん
上高地のおみやげ屋さん
五千尺酒店（→P.48）的伴手禮店。名產、雜貨、原創甜點，應有盡有。山葵口味的上高地河童可樂餅220日圓也頗受好評。
☎0263-95-2111 ⏰4月下旬~11月中旬、7:00~18:00 休開放期間無休 **MAP** P.31・35/附錄正面 D-2

位於河童橋旁的人氣名店

Ⓓ **山賊墨西哥捲餅**
590日圓

山賊燒

墨西哥風味

➡信州的鄉土料理搭配莎莎醬的個性派組合。偏辣的調味更顯出雞肉的鮮美

一起來吃飯看風景！
外帶餐點
Takeout
使用信州食材和鄉土料理的外帶餐點選項豐富，可以坐在河童橋周邊的長椅或河岸邊享用。

➡夾在巨大漢堡麵包中的山賊燒分量十足，麵衣酥脆的口感搭配特製塔塔醬更是絕配

將鄉土料理做成漢堡

Ⓑ **山賊漢堡**
720日圓

Ⓑ ◎レストランこなし
Restaurant小梨
鄰接上高地白樺莊酒店（→P.54），氣氛輕鬆的自助式餐廳。外帶餐點也很豐富充實。
☎0263-95-2131 ⏰4月下旬~11月中旬、8:00~16:00〈LO15:30〉 休開放期間無休
MAP P.31・35/附錄正面 D-2

Ⓒ ◎かみこうちアルペンホテルレストラン
上高地阿爾卑斯飯店餐廳
☎0263-95-2231 ⏰4月下旬~10月下旬、11:30~13:30〈LO13:00〉 休開放期間無休
詳細請看➡**本頁左上**

Ⓓ ## カフェテリア トワ・サンク
☎0263-95-2221 ⏰4月下旬~11月中旬、8:30~16:30〈LO16:00〉（夏季7:00~17:00〈LO〉）休開放期間無休
詳細請看➡**43**

こだわりの名物コロッケ
上高地コロッケ
kamikochi croquette
café レストラン 小梨

大分量！大滿足！

➡手工巨型可樂餅竟然重達160g。使用滿滿的日本國產牛絞肉及馬鈴薯的正統派口味

Ⓑ **上高地可樂餅**
1份310日圓

ⒶⒹ **山賊便當**
980日圓

分量滿點的雞肉便當

➡雙層包裝看起來很狂野的雞肉便當。滿滿高麗菜上的巨大山賊燒令人印象深刻

甜食能夠療癒四處行走而疲倦的身體。上高地的飯店裡有很多甜點都是師傅發揮本領的自信之作，請慢慢享用自豪的甜點吧！

田代橋
Grindelwald

享受傳統美味

在設有壁爐台的Lounge中

高聳的壁爐台令人印象深刻的上高地帝國飯店Lobby Lounge。堅守傳統配方的卡士達布丁味道濃醇，1600日圓的套餐可搭配使用湧泉沖泡的咖啡或紅茶，每日限定20客。

☎0263-95-2001（代表號） ⏰4月下旬～11月上旬，8:00～17:00〈LO〉（住宿旅客～22:00〈LO〉、蛋糕、三明治套餐販售10:00～16:00〈LO〉）
🈺開放期間無休　MAP P.31/附錄正面 C-3

上高地帝國飯店 →P.46

◀木頭挑高的空間更添山岳度假勝地的氣氛

上高地帝國飯店的
卡士達布丁套餐
1600日圓（1天限定20客）
使用信州產的雞蛋所製作的香濃布丁。直徑10cm的大小也很令人驚艷。

卡門貝爾乳酪蛋糕
950日圓
這是上高地帝國飯店中最有人氣的蛋糕。由帝國飯店的甜點師傅──過濾手作而成。

大正池
Restaurant Lake View

享用迷你起司蛋糕

在能眺望大正池的特等席

建於大正池畔的大正池飯店裡的餐廳。可透過窗戶欣賞雄偉的燒岳景色，令下午茶時光更加別具一格。迷你起司蛋糕搭配喜歡的飲品套餐700日圓。

☎0263-95-2301 ⏰4月下旬～11月中旬，7:00～16:00〈LO15:30〉
🈺開放期間無休
MAP P.31/附錄正面 A-6

◀搭配信州產的果汁580日圓一起享用

迷你起司蛋糕
280日圓
尺寸小巧，可輕鬆品嘗的起司蛋糕。甜度偏低，味道香醇濃郁。

大正池飯店 →P.49

和栗蒙布朗
756日圓
在日本國產栗子製成的栗子泥中加入了澀皮煮栗子。搭配擠上黑醋栗果醬的塔皮，酸味和栗子的甜味搭配絕妙。

田代橋
Lobby Lounge

品嘗季節性蛋糕

在優雅氣派的空間裡

以黃色和褐色為基調、充滿開放感的上高地LEMEIESTA酒店的Lounge，每個季節都會有不同的原創蛋糕登場。能感受到季節變化的蛋糕也可外帶品嘗。

☎0263-95-2121 ⏰4月下旬～11月中旬，8:00～15:30〈LO〉（蛋糕9:00～）
🈺開放期間無休
MAP P.31/附錄正面 B-3

上高地LEMEIESTA酒店 →P.50

◀天花板挑高、充滿開放感的Lounge

蘋果派 **648日圓**
可以品嘗到糖煮蘋果的口感。還加入肉桂的香味當點綴。

田代橋
やまのらうんじ

來消除疲勞

用塔派和高原果汁

飯店的Lounge裡擺著舒適的沙發，充滿悠閒放鬆的氣氛。越橘高原果汁690日圓和用天然水沖泡的石清水咖啡470日圓都大受好評。

☎0263-95-2311 ⏰4月下旬～11月中旬，7:00～15:30〈LO〉 🈺開放期間無休
MAP P.31/附錄正面 B-3

上高地溫泉飯店 →P.50

草莓藍莓蛋糕
430日圓
奢侈地大量使用新鮮草莓和藍莓的蛋糕。

好想品嘗一次的
名產巨型蒙布朗

巨型蒙布朗
1680日圓
直徑10cm的蒙布朗
是正常尺寸的3倍
大。使用了滿滿的鮮
奶油和栗子奶油。

河童橋右岸
ロビーカフェル・ブラン

位於上高地白樺莊酒店內的休閒茶室。推
薦巨型蒙布朗和適合當伴手禮的蘋果派，
可搭配香醇的英國紅茶一起享用。

☎0263-95-2131
🕐4月下旬~11月中旬、
10:30~14:30（LO14:00）
🈺開放期間無休

在店內可一覽穗高連峰

MAP P.31·35/附錄正面 D-2

上高地白樺莊酒店 →54

由經驗老道的甜點師傅
展現精湛手藝，
發揮素材的優點

靜謐的氣氛令人幾乎忘記這裡
位於熱鬧的河童橋附近

生起司蛋糕
850日圓
上高地限定的人氣No.1蛋
糕。使用滑順圓潤的奶油
起司和早晨現採的雞蛋，
因此甜度偏低，味道香醇
濃郁。

河童橋左岸
5HORN
●ファイブホルン

使用松本民藝傢俱呈現統一感的雅致
咖啡廳。使用嚴選素材的自製蛋糕，
可搭配最適合上高地天然水的高級咖
啡豆沖泡的調豆咖啡800日圓。

☎0263-95-2111
🕐4月下旬~11月中旬、8:30~16:30（LO）
🈺開放期間無休
MAP P.31·35/附錄正面 D-2

五千尺酒店 →48

白銀起司蛋糕
470日圓
使用嚴選奶油起司，
甜度偏低的烤起司蛋
糕。濕潤的口感令人
忍不住一口接一口。

滋潤疲勞身軀的
鮮榨果汁

蘋果派 350日圓
內含大塊果肉，吃起來非常滿
足。卡士達的甜味也很適合散
步後的疲倦身體。

河童橋右岸
Green Pot

重量十足的蘋果派是這裡的名
產。香甜濃郁滋味的越橘鮮榨果
汁人氣也很高。果汁和咖啡均可
外帶。

☎0263-95-2206
🕐4月下旬~11月中旬、
10:00~14:30（LO14:00）
🈺開放期間無休

MAP P.31·35/附錄正面 C-2

上高地西糸屋山莊 →51

從具開放感的露台
座可就近眺望梓川

信州完熟蘋果派
470日圓
一整個蛋糕使用6顆完整
蘋果的人氣甜點。酥脆的
派皮裡面有滿滿的蘋果，
非常適合當伴手禮。

大受好評的蘋果派！
設有開放式露台座的咖啡廳

河童橋右岸
カフェテリア トワ・サンク

晴天時可眺望梓川的開放式空間相當受
歡迎。自製新鮮果汁和以信州產蘋果製
作的信州完熟蘋果派很受歡迎。蛋糕套
餐830日圓~。

☎0263-95-2221 🕐4月下旬~11月中旬、
8:30~16:30（LO16:00）（夏季7:00~17:00
〈LO〉）🈺開放期間無休
MAP P.31·35/附錄正面 D-2

山旅舍 五千尺小木屋 →48

讓疲倦的身軀冷靜一下
冰涼甜點

散步流汗之後，最想吃到冰涼的甜
點。以下來介紹河童橋附近的知名
霜淇淋和義式冰淇淋。

河童橋左岸
上高地のおみやげ屋さん
●かみこうちのおみやげやさん
飯店特製的霜淇淋

在五千尺酒店的名產店
中，飯店的特製甜點備
受好評。上高地霜淇淋
的濃郁滋味相當有人氣。

☎0263-95-2111
🕐4月下旬~11月
中旬、7:00~18:00 🈺開放期間無休
MAP P.31·35/附錄正面 D-2

甜度適中，
香醇濃郁的上高
地霜淇淋400日
圓

五千尺酒店 →48

河童橋右岸
河童の休憩所
●かっぱのきゅうけいじょ
**活用牛奶風味的
義式冰淇淋**

這是上高地白樺莊酒店的賣店
裡超人氣的安曇野義式冰淇
淋。特別推薦使用安曇野產牛
奶製作的義式冰淇淋和信州產
水果配料。

☎0263-95-2131
🕐4月下旬~11月中旬、8:00~
16:00 🈺開放期間無休

牛奶義式冰淇淋420
日圓，配料為生薑果
醬110日圓

當日義式冰淇淋420
日圓，配料為特拉華
葡萄110日圓

上高地白樺莊酒店 →54

G
煙燻岩魚&
煙燻起司
各1000日圓

使用櫻木炭低溫燻烤的「冷燻法」製成的美麗色調。這種煙燻獨特風味最適合當下酒菜。

散發獨特的香氣
令人欲罷不能

矽膠製的
防水小物包

德澤園原創
口金包
1200日圓 **I**

適合放零錢和小物的矽膠製口金包。上面印有上高地官方LOGO的設計圖案，共有6種顏色。

從登山道具到
飯店特製的高級甜點
上高地的
伴手禮

從經典的登山週邊商品到信州特產美食等，上高地的伴手禮豐富多元。各個飯店自豪的原創商品，無論送給誰一定都會很開心。

柑橘系的
清爽風味

F
橙橘沙拉醬
680日圓

飯店早餐也會使用的原創沙拉醬。滿滿的橙橘果汁，充滿鮮果的清香。

F

在家也能品嘗到
飯店原創的味道

天然釀造醬油
680日圓

上高地阿爾卑斯飯店使用的薄口醬油。由創業超過110年的松本市上嶋醬油釀造店製造。

星降飯店啤酒
1瓶770日圓

大正池飯店推出的「星降飯店」系列精釀啤酒。有風味獨特、嗜齒留香的科隆啤酒等三款。

A

用湖畔飯店的
精釀啤酒乾杯！

C

呼喚幸福的
河童圖案!?

紗布手帕
1條570日圓

「幸福河童」系列小手帕，上面有河童和幸運草的可愛圖案。也有鉛筆盒。

很有上高地風格
的設計

H

參訪能量聖地的紀念

上高地
明神館徽章
500日圓

只有建在能夠眺望穗高明神岳場所的獨棟旅館，背後才會有明神岳如此壯觀的山貌。

E

上高地
西糸屋山莊
手巾
800日圓

聳立於白樺林對面的穗高連峰手巾，以大自然景色的綠和白樺的白為基底，看起來很清爽。

J

正式的高山健行紀念

手巾 剪紙圖繪 **800日圓**
手巾 槍穗圖繪 **600日圓**

這是穗高登山據點橫尾山莊的原創商品。特徵為屏風岩和槍·穗高連峰等強而有力的設計圖繪。

G

使用歌詠嘉門次的和歌當作圖案

嘉門次小屋
手巾 **600日圓**

手巾上的設計為歌人·窪田空穗歌詠上條嘉門次的和歌。使用親筆於簽名板上書寫的圖印，別有一番韻味。

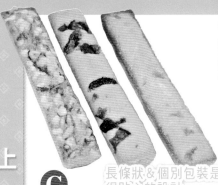

D

上高地的四季 **1000日圓**

華麗高雅的木莓香味

上面灑有金箔，讓視覺也變得很豪華。冰過後再吃可讓木莓的酸味更為明顯。

五千尺酒店主廚監修的飯店特製沾醬

長條狀＆個別包裝是很貼心的設計

C

上高地蛋糕棒 **各260日圓**

方便食用的長條狀烤蛋糕。有胡桃、蘋果、栗子3種口味。因為是個別包裝，可以購買需要的數量，要送人也很方便。

上高地起司塔 **820日圓**

香味濃郁的人氣烤起司塔。因為是個別包裝冷凍販賣，只要在散步前購買，走累了剛好可以拿出來吃。

C 一片大小剛好的尺寸

安曇野產洋蔥塔塔醬 雞蛋口味 **800日圓**

使用橄欖油炒洋蔥來提味的美乃滋風味沾醬。可沾長棍麵包或蔬菜棒享用。原味為780日圓。

紅色屋頂的設計備受喜愛

B

飯店圖案巧克力

苦味巧克力棒和大理石巧克力棒各3根 **850日圓**

掀開蓋子就會出現上高地帝國飯店的外觀，推薦當作伴手禮。

D 飯店自豪的水果蛋糕

法式水果蛋糕 **1條420日圓** **5條組1900日圓**

最有人氣的是甜度較低的綜合水果口味。另外還有微苦風味的蘋果巧克力等，口味選擇豐富。

散步途中的樂趣

C

上高地布丁 **400日圓**

口感滑順，香草莢和雞蛋的味道也很濃郁的布丁。非常適合散步休息時享用。

蘋果和卡士達鮮奶油是最佳拍檔

蘋果派 **1個420日圓**

使用滿滿的信州產蘋果和奶油。酥脆的餅皮和卡士達醬，蘋果是最佳拍檔。

D

復古的包裝也是人氣的秘密

上高地帝國飯店牛肉咖哩 **1包1200日圓**

B

歐風咖哩搭配長野縣產國產牛的傳統美味。令人回憶起開業當時的復古包裝也很吸引人。

明神～德澤・橫尾周邊

G かもんじごや
嘉門次小屋
8:30～16:30　詳細資訊請看➡**34**

H かみこうちみょうじんかん
上高地 明神館
7:00～19:00　詳細資訊請看➡**51**

I ひょうへきのやどとくさわえん
冰壁之宿 德澤園
7:00～19:00　詳細資訊請看➡**51**

J よこおさんそう
橫尾山莊
7:00～18:00　詳細資訊請看➡**37**

河童橋周邊

C かみこうちのおみやげやさん
上高地のおみやげ屋さん
7:00～18:00　詳細資訊看➡**41**

D かみこうちホテルしらかばそう
上高地白樺莊酒店
7:00～18:00　詳細資訊看➡**54**

E かみこうちにしいとやさんそう
上高地西糸屋山莊
10:00～14:00　詳細資訊看➡**51**

F かみこうちアルペンホテル
上高地阿爾卑斯飯店
7:00～20:00　詳細資訊看➡**49**

SHOP LIST

大正池・田代橋周邊

A たいしょういけホテル
大正池飯店
7:00～19:30　詳細資訊看➡**49**

B かみこうちていこくホテルギフトショップ
上高地帝國飯店 禮品店
8:00～20:00　詳細資訊看➡**47**

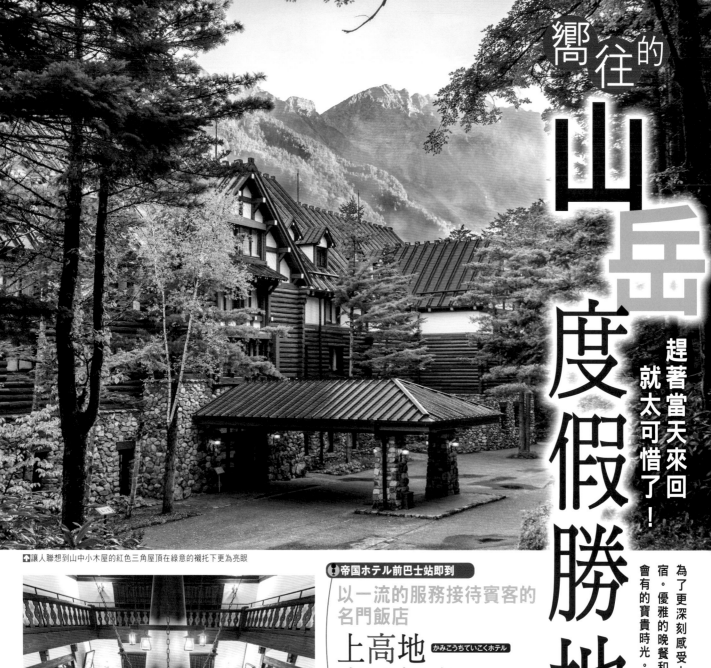

山岳度假勝地住宿

趕著當天來回就太可惜了！

為了更深刻感受上高地的魅力，請務必體驗飯店住宿。優雅的晚餐和靜謐的散步時光，都是在此住宿才會有的寶貴時光。

↑讓人聯想到山中小木屋的紅色三角屋頂在綠意的襯托下更為亮眼

🚌帝国ホテル前巴士站即到

以一流的服務接待賓客的名門飯店

上高地帝國飯店
かみこうちていこくホテル

1933年（昭和8年）開業，2018年10月迎來85週年的上高地帝國飯店，現在仍是令人嚮往的度假村飯店之一。以融入群山的瑞士山中小木屋為主題的紅色屋頂建築物於1977年（昭和52年）重新整修，但仍不失剛開業時的氛圍。擁有127年歷史的帝國飯店，店員繼承了東京傳統的招待方式，洗練的服務態度讓人感受到真正的服務精神。

📞0263-95-2006（訂房專用）
冬季聯絡處📞03-3592-8001（東京事務所）

📅4月下旬～11月上旬　IN 14:00　OUT 11:00
📍松本市安曇上高地　¥雙人房31320日圓～、雙床房32400日圓～（服務費另計、有變更的可能／1間費用／依期間有2種設定）　🛏74房　♨外來入浴 不可

MAP P.31/附錄正面 C-3

關注報報！
有壁爐台的Lounge

在2層樓挑高的空間中央設有壁爐台，充滿山中飯店的風味。中午有下午茶時間可品嘗飯店特製蛋糕，晚上則能讓住宿旅客在此喝酒。

↑餐廳走廊上播放樂聲的音樂盒

某一天的菜單

主菜
信州高級牛肉派搭配薯泥與市田柿

軟嫩的信州高級牛肉派，加上以市田柿和高湯製作的雙色醬汁

附陽台的客房
人氣相當高的客房。從陽台可以看見穗高連峰的群山

Rooms
客房

人氣最高的是附陽台的客房。早晚變化的穗高連峰樣貌是必看的景色。另外也有家庭客房和大套房，可選擇自己喜歡的房型。

健康房A
傾斜的屋頂和位於高處的窗戶，營造出山中小木屋的氛圍

前菜
信州蔬菜的田園溫沙拉和煙燻岩魚

煙燻岩魚和色彩鮮艷的信州蔬菜佐岩魚高湯和牛奶奶泡

在飯店內度過
優雅的一天

甜點
一顆蘋果

盡滿蘋果冰淇淋和黑糖餅乾的蘋果造型糖工藝

※料理為示意圖

Dinners
餐廳

格調高貴的主餐廳，料理皆使用嚴選的當季食材，每天變更菜單，宛如上高地的風景一樣千變萬化，甚至讓人覺得每道料理都有自己的故事。

↑在此能夠享受頂級料理和無微不至的服務

←手持酒杯和調酒師聊天也是樂趣之一

Bar　Bar Horn

晚餐之後的樂趣就是享受酒吧的時光。充滿山中小木屋氛圍的圓木牆，帶領人們脫離日常的世界，盡情享受品嘗原創雞尾酒的大人時光。

還有原創雞尾酒

↑也有以上高地的大自然和飯店形象來調製的雞尾酒。左起為梓川夢、紅色屋頂、穗高山

閱覽室

最適合在下雨的午後度過悠閒時光的空間

Library

住宿者專用的閱覽室是復古書齋風格。書架上擺了許多上高地的歷史書以及與山有關的小說。另外也有販售古典音樂盒。

Gifts
禮品店

店內陳列著高規格的原創商品

有很多只能在上高地帝國飯店才能買到的商品，非常適合拿來當作伴手禮。除了餅乾和巧克力之外，有10種顏色可以選擇的長條毛巾也很有人氣。
→P.45 有介紹

上高地帝國飯店與
山岳度假勝地上高地的歷史

1896年（明治29年），Walter Weston將來訪上高地的經驗寫成《日本阿爾卑斯的登山與探險》一書，讓全世界都知道上高地的美好。之後，日本第一間山岳度假村飯店上高山帝國飯店便誕生於1933年（昭和8年）。上高地開始以山岳度假勝地之名廣為人知，吸引了眾多觀光客來訪。

總經理
佐藤和幸先生

↑Lobby Lounge有一部分是開業當時唯一留下來的木材

←昭和初期時重建前的外觀

當日來回的人也可以Check!

Lunch
Alpenrose →P.38
あずさ庵 →P.38

Café
Grindelwald →P.42

可眺望河童橋和穗高連峰的絕佳觀景地

五千尺酒店 ごせんじゃくホテル

1918年（大正7年）創立的老牌飯店。建於河童橋附近可眺望梓川和穗高連峰的絕佳位置。館內擺設松本民藝傢俱，氣氛典雅穩重。講究的內部裝潢，特別受到女性喜愛。

📞0263-95-2111　📅4月下旬～11月中旬
IN 15:00　OUT 11:00　所松本市安曇上高地4468
💰1泊2食24500日圓（未含稅）～　🛏29房　🛁外來入浴不可

MAP P.31·35/附錄正面 D-2

➡河童橋和穗高連峰的珍貴合影

> **關注報報！**
> ## 對獨自食材圈相當堅持的五千尺料理
> 使用採自松本市內自社農園的蔬菜，將這些山珍海味昇華成一道藝術作品。

➡於2015年整修，寬76㎡的上高地大套房

➡松本民藝傢俱營造出古典氛圍

⬆五顏六色的蔬菜產自自社農園

⬆配合當季時蔬，在季節中會更換好幾次菜單

➡連照明設備都有顧慮到的浴場，讓人可在此好好放鬆休息

> **關注報報！**
> ## 菜色豐富的自助式餐點
> 晚餐的自助式餐點菜色多達30種以上。隔天還會提供2種類型的料理，連住好幾天也不會吃膩。季節中會更換好幾次菜色。

➡與大自然融為一體的大廳

➡特別受到家庭旅客歡迎的和室

⬆建於河童橋西側，可就近聽到潺潺流水和鳥兒輕囀的聲音

➡大浴場備有使用上高地天然水製成的原創洗髮精

可以感受木頭溫暖的建築物和有名的自助式餐點

山旅舍 五千尺小木屋

やまのりょしゃごせんじゃくロッヂ

建於梓川河畔，充滿木頭溫馨氣息的飯店。透過和室窗戶可眺望壯觀雄偉的大自然。晚餐為使用當地食材的自助式餐點。和、洋、中式菜色豐富齊全，分量也很充足。

📞0263-95-2221　📅4月下旬～11月中旬　IN 15:00　OUT 11:00　所松本市安曇上高地4469-1　💰1泊2食11880日圓～　🛏33房　🛁外來入浴不可

MAP P.31·35/附錄正面 D-2

↑位於斜坡，因此從展望浴場眺望的景色相當別具一格

❗上高地巴士總站步行10分

俯瞰梓川的療癒空間

上高地阿爾卑斯飯店

かみこうちアルペンホテル

歐洲風格的外觀和挑高大廳瀰漫著異國情懷，晚餐為和風宴席，是擅於和洋融合的飯店。地點位於斜坡上方，視野絕佳。這裡的外來入浴溫泉也很受歡迎。

☎0263-95-2231
🗓4月下旬～10月下旬
IN 14:30　OUT 9:30　所松本市安曇上高地4469-1
¥1泊2食19440日圓　🛏25房
♨外來入浴7:00～10:30、12:00～14:30、600日圓

MAP P.31・35/附錄正面 C-2

➡有壁爐台的寬敞大廳

關注報報！
地產地消的和風宴席

可品嘗到信州和牛、信州鮭魚、傳統蔬菜等充分使用當地食材的講究料理。除了岩魚、虹鱒等淡水魚之外，春秋還有山菜、香菇；夏天有當季蔬菜等，可盡情享用四季不同的食材。

↑河童橋附近別具一格的悠閒氛圍

❗大正池巴士站即到

實際感受獨一無二的地理位置

大正池飯店

たいしょういけホテル

被水池與森林包圍的地理環境是上高地其他飯店無法感受到，只有這裡才有的特權。隨著時間變化，可以看到大正池豐富的樣貌，美不勝收。晚餐可品嘗使用信州產食材的宴席料理。

☎0263-95-2301　🗓4月下旬～11月中旬
IN 15:00　OUT 10:00　所松本市安曇上高地4468
¥1泊2食14000日圓～　🛏27房　♨外來入浴不可

MAP P.31/附錄正面 A-6

關注報報！
獨占整片夢幻景色

大正池一整面遼闊的水霧，宛如水墨畫般優美。夏天的早晨和晚上較常起霧，能在房間看到這幅景觀的只有這間飯店，別無它處。

➡長野縣產的私家酒

關**注**報報！
如電影螢幕般的絕景窗戶

高級戲院雙床房可從寬度超過5m的窗戶看到壯觀優美的山中景色。窗戶底下設有沙發靠椅，可躺在這裡觀察星空。1泊2食50000日圓（未含稅）～

→ 在休閒空間中舒緩疲勞

→ 有陽光從樹林間灑下的露天浴池

→ 搭配侍酒師嚴選的葡萄酒，享用正宗法國料理

❗帝国ホテル前巴士站步行8分

從房間的大片窗戶
眺望阿爾卑斯的名峰
上高地LEMEIESTA酒店
かみこうちルミエスタホテル

SPA、大浴場、附展望浴池的客房等，設備充足，是間擁有源泉放流的天然溫泉飯店。將日本阿爾卑斯山推廣於世的Weston、雕刻家高村光太郎等，許多文人和名人也都曾在此住宿。

☎0263-95-2121 　📅4月下旬～11月中旬
IN 14:00 OUT 11:00 　🏠松本市安曇上高地4469-1
¥1泊2食29000日圓（未含稅）～
🛏38房 　♨外來入浴11:00～13:00（需確認）、2100日圓

MAP P.31/附錄正面 B-3

→ 受到許多文人喜愛，歷史淵遠的飯店

→ 從客房窗戶看出去的景觀深受許多畫家喜愛

❗帝国ホテル前巴士站步行7分

親身感受120年的悠久歷史
上高地溫泉飯店
かみこうちおんせんホテル

受到芥川龍之介、若山牧水等眾多文人墨客喜愛、擁有120年以上歷史的旅宿。常設畫廊展示有相關作品。這間文人也喜歡的自家源泉放流溫泉飯店，有岩造露天浴池、木桶浴池等，各式浴池也都各有風情。

關**注**報報！
飯店內有3個源泉

正如其名，這間飯店境內有3處源泉放流。湯量豐富，除了有大浴場的露天浴池和室內浴池之外，客房內的浴池也是溫泉，另外還有免費的足湯設施。散步之後可以來此泡溫泉舒緩疲倦。

→ 非住宿者也能使用的免費足湯設施

☎0263-95-2311 　
📅4月下旬～11月中旬
IN 15:00 OUT 10:00
🏠松本市安曇上高地4469-1
¥1泊2食16674日圓～
🛏55房
♨外來入浴7.00～9.00、12:30～15:00、800日圓
MAP P.31/附錄正面 B-3

🚌 上高地巴士總站步行10分

登山客聚集的溫馨旅宿
上高地西糸屋山莊
（かみこうちにしいとやさんそう）

在落葉松巨木包圍下靜謐佇立的山莊，長年來為登山客的據點旅宿，深受登山客喜愛。館內裝飾有山岳照片和圖畫，聊天室也有各式各樣山岳相關的圖書。

📞0263-95-2206
🗓4月下旬～11月中旬　IN 14:00　OUT 9:30
🏠松本市安曇上高地4469-1
💴1泊2食8500日圓～（併房）、10000日圓～（包廂）
🛏10房（併房）、30房（包廂）
♨外來入浴不可

MAP P.31·35/附錄正面 C-2

關注 報報！
享用安曇野產的果汁恢復體力

併設的咖啡廳裡可享用葡萄、蘋果、桃子等，在水果的知名產地安曇野所生產的果汁，建議可買來在散步途中滋潤解渴。

↑建於健行路線旁的本館。別館在後方

➡面對梓川，氣氛沉靜悠閒的本館客房

🚌 上高地巴士總站步行45分

朝霞照耀的明神岳雄壯景觀
上高地 明神館
（かみこうちみょうじんかん）

能在頭上朝拜明神岳（穗高岳）的明神館是被稱為「朝霞旅宿」的獨棟旅宿。在朝霞的照耀下，明神岳以及瀰漫著朝霧的明神池充滿神聖氛圍，請務必住宿一晚體驗看看。這裡也有併設明神咖啡廳。

📞0263-95-2036
🗓4月27日～11月上旬
IN 15:00　OUT 8:30
🏠松本市安曇上高地4468明神
💴1泊2食10000日圓（併房）、14000日圓～（包廂）
🛏5房（併房）、29房（包廂）
♨外來入浴不可

MAP P.35/附錄正面 G-2

關注 報報！
小梨花盛開

在朝霞旅宿明神館前方的小梨花會在6月10日左右盛開。點綴著許多白花的小梨樹對面可看到明神岳，是拍照攝影的絕佳場所。

➡最適合當作北阿爾卑斯登山的據點

🚌 上高地巴士總站步行2小時

常年來深受喜愛的登山基地
冰壁之宿 德澤園
（ひょうへきのやどとくざわえん）

登山家御用的知名旅宿。作家井上靖停留在上高地時，總是住宿在「かつら」房。這裡也有併設的賣店和餐廳，非常適合來此休息。

📞0263-95-2508
🗓4月下旬～11月上旬
IN 14:00　OUT 8:30
🏠松本市安曇上高地德沢
💴1泊2食12000日圓～（併房）、15500日圓～（包廂）
＊也有1泊1食或不用餐的費用
🛏17房　♨外來入浴不可

MAP P.14 F-2

↑前方為餐廳，後方的紅色屋頂建築物是旅宿

關注 報報！
德國製咖啡機沖泡的正宗咖啡

併設的みちくさ食堂有宛如吧檯座的空間，可品嘗以德國製咖啡機沖泡的正宗咖啡。從河童橋走到這裡花費2小時相當值得。

也別錯過前往上高地的起點區域！

新島島&澤渡的停留景點

しんしまします　さわんど

從松本方向前往上高地，搭乘電車時以新島島為起點，自行開車時則以澤渡為起點。位於前往澤渡路線途中的新島島，也有很多具吸引力的停留景點。以下將介紹位於澤渡，能療癒疲憊身軀的溫泉和餐廳。

洽詢處　交通情報➡P.25
- 阿爾卑斯觀光協會　☎0263-94-2221
- 松本市山岳觀光課　☎0263-94-2307
- 澤渡溫泉觀光服務處　☎0263-93-1800

加入41種辛香料的藥膳咖哩相當受歡迎

美食 カフェプレイエル&ギャラリーやましろ

重視美味與健康的大藥膳上高地咖哩。使用山泉水沖泡的咖啡、紅茶以及Hiroko Pleyel 蛋糕也大受好評。現場有古典鋼琴和大鍵琴各一台，也有加藤大道的版畫做常態展示。

☎0263-92-8158
L 10:30～16:30〈LO 16:00〉
休 週二～週四
所 松本市波田3058-5
交 松本電鐵新島島站即到 P 8輛
MAP P.52

⬅Hiroko Pleyel 蛋糕（單點）480日圓

搭電車前往上高地的入口

電車 → 轉搭路線巴士

新島島

しんしまします

松本電鐵上高地線的終點。前往上高地、乘鞍、白骨溫泉方向的路線巴士由此出發。

⬆大藥膳上高地咖哩1100日圓～風味絕佳

從露天浴池環視大自然

溫泉 竜島温泉せせらぎの湯

りゅうしまおんせんせせらぎのゆ

建於梓川河畔的不住宿溫泉。可以一邊眺望四季更迭的山中景色，一邊泡露天溫泉和室內溫泉，另外還有休息室和餐廳。單純泉的無色透明溫泉會飄散出淡淡的硫磺香味。

☎0263-94-1126
L 10:00～22:00〈最終入場21:00〉、餐廳11:30～14:00〈LO〉 休 週一（逢假日則翌日休）
¥ 大人510日圓，小、中學生250日圓
所 松本市波田竜島3452
交 発電所前巴士站步行10分 P 50輛
MAP P.52

⬆源泉放流的鹼性單純泉，能有效治療神經痛

體驗天然冰箱「風穴」

景點 公路休息站 風穴の里

みちのえきふうけつのさと

除了有販售比野澤菜纖維質還多，嚼勁十足的特產──稻核菜的御燒和漬物之外，還有餐廳可享用山賊燒等當地美食。深山纖體驗工房和體驗涼感的「風穴」現正開放中。

☎0263-94-2200
L 9:00～17:00（餐廳9:30～16:00〈LO〉）
休 無休（冬季休週四） 所 松本市安曇3528-1
交 水殿ダム巴士站步行3分 P 32輛
MAP P.14 G-4

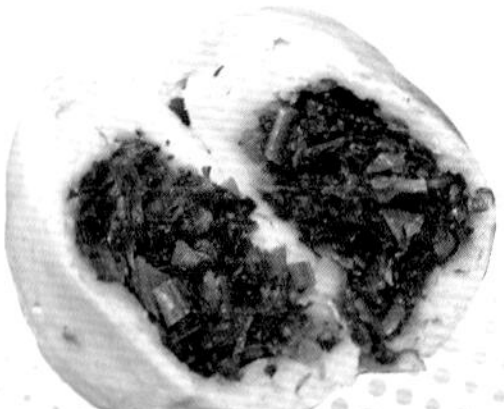
➡加入類似野澤菜的信州傳統蔬菜──稻核菜的御燒

1

2

1 觀光途中最方便停留的休息站　2 將一整塊雞肉豪邁地油炸，信州．松本平的鄉土料理──山賊燒730日圓

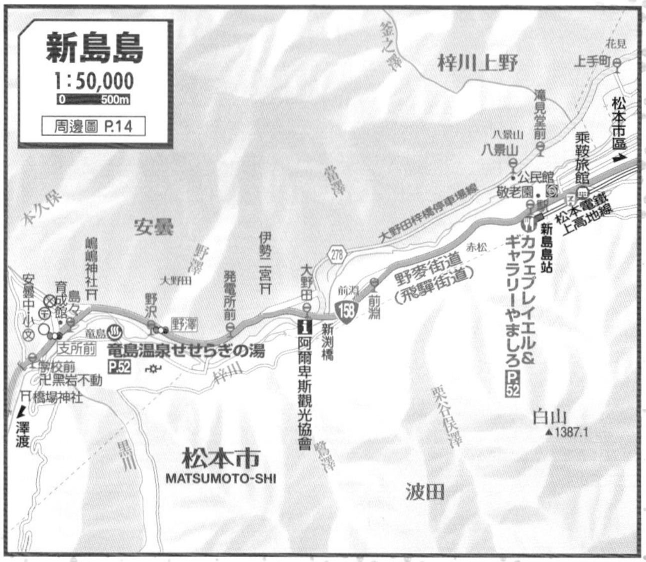

可從露天浴池眺望穗高連峰

♨ 住宿 中之湯溫泉旅館
なかのゆおんせんりょかん

海拔1540m，佇立於原生林當中的溫泉旅館。位於高台，可眺望穗高連峰。放流的溫泉為單純硫磺泉。

☎ 0263-95-2407
IN 13:00 **OUT** 10:00 ¥1泊2食11000日圓～ 所松本市安曇4467 交中の湯巴士站步行30分（有接駁車）客43房
MAP P.68 C-3

↑建於燒岳登山口，彌漫著秘湯的氛圍

↑設於1樓客房的罕見信樂燒浴池

露天浴池和包租浴池都很充足

♨ 住宿 溪流莊書繪旅館
けいりゅうそうしおりえ

附露天浴池的客房有4間，深受女性和情侶喜愛。每個房間都設有咖啡機，貼心細緻的服務設備大受好評。

☎ 0263-93-2642
IN 15:00 **OUT** 11:00 ¥1泊2食24530日圓～ 所松本市安曇4170-4 交さわんど巴士站步行5分 客8房
MAP P.53

↑最有人氣的是信州蒸籠鴨肉蕎麥麵 1000日圓

可同時品嘗信州蕎麥麵和飛驒牛

🍴 美食 グレンパークさわんど

觀光服務處裡併設的餐廳。有賣特產的伴手禮店和免費足湯等多項設施。也販售當地農家現採直送的蔬菜和水果。

☎ 0263-93-1810
L 8:30～17:30〈LO15:00〉 休無休 所松本市安曇沢渡4144-17 交さわんど岩見平巴士站即到 **P**50輛
MAP P.53

梓川溪谷沿岸的源泉放流旅宿

♨ 住宿 坂巻溫泉旅館
さかまきおんせんりょかん

位於梓川溪谷沿岸的獨棟旅宿，周圍都是懸崖峭壁。以「子寶湯」而聞名，能治療腸胃病和婦科疾病。

☎ 0263-95-2453
IN 15:00 **OUT** 10:00 ¥1泊2食13000日圓～ 所松本市安曇4460 交坂巻溫泉巴士站即到 客12房
MAP P.68 C-3

↑佇立於山間，可從客房或內湯眺望大自然

開車前往上高地的入口

🚗 自行開車 → 🚌 轉搭接駁巴士

澤渡
さわんど

接駁巴士的起點。上高地由於限制私家車通行，需將車子停在澤渡的停車場，轉搭接駁巴士。

品嘗香味濃郁的手打蕎麥麵

🍴 美食 そば処 杣乃家
そばどころそまのや

杣乃家飯店經營的餐廳。自豪的手打蕎麥麵以滑順好入口，唇齒留香的美味為其特徵。現撈的岩魚和當季山菜等，使用山珍海味的料理相當受歡迎。

☎ 0263-93-2623
L 10:00～18:30〈LO〉（繁忙期～20:00〈LO19:30〉） 休不定休 所松本市安曇沢渡4159-12 交さわんど大橋巴士站即到 **P**10輛
MAP P.53

↑手打竹籠蕎麥麵及炸豬排丼雙層套餐1600日圓

澤渡
1:27,000
0————300m
周邊圖 P.86

松本市 MATOUMOTO OIII

停車場全部可停2000輛。
上高地全年禁止一般車輛通行，
需在澤渡停車後轉搭巴士

🚌 接駁巴士 出發和抵達的 情報小站

以提升在上高地的禮節為目標

澤渡國立公園迎客廳
さわんどナショナルパークゲート

由於上高地限制私家車通行，因此在澤渡地區設立了本設施以作為轉搭接駁巴士和計程車的據點。除了讓觀光客了解保護上高地大自然的禮節之外，這裡還有自然、歷史展示區、觀光服務處、賣店、廁所等。設施內的澤渡巴士總站也是接駁巴士的發車地點，相當方便。

☎ 0263-93-3355
（只在開放期間）
休無休 所松本市安曇4466-20 交澤渡巴士總站即到 **P**410輛（利用市營停車場）
MAP P.53
→可以了解上高地歷史等的入口大廳

住宿資訊 看這邊

以下將介紹MAPPLE編輯部推薦的旅宿。在山中度過的夜晚也會成為上高地的回憶。那麼,明天要去哪裡玩呢……

在河童橋旁迎接旅客

上高地 かみこうちホテルしらかばそう
上高地白樺莊酒店

建於河童橋旁,天氣好時可遠望穗高連峰,最適合作為在上高地散步時的休息據點。大廳時而會舉辦演奏會等各式各樣的活動。客房有和室和有床的房型可供選擇。

☎0263-95-2131 🗓4月下旬~11月中旬 IN 15:00 OUT 10:00 ¥1泊2食14000日圓~ 所松本市安曇上高地4468 ⓑⓤⓢALPICO交通新島島站搭乘ALPICO交通上高地行巴士,車程1小時10分,終點下車步行5分 🛏55房

MAP P.31·35/附錄正面 D-2

↑除了信州黑毛和牛之外,還加入了季節性信州蔬菜等當地食材的洋風懷石料理

↑在無邊榻榻米上擺設席夢思床墊的摩登客房

↑飯店內有上高地白樺自然學校(→P.27),可提供各種玩樂建議

↑可一覽穗高連峰的客房,是河童橋旁的旅宿特有的景觀

溪流沿岸的露天岩浴池

澤渡 ホテルそまのや
杣乃家飯店

位於澤渡國立公園迎客廳附近,在梓川溪谷大自然的環繞下,經常令人流連忘返的溫泉旅宿。使用岩魚和山菜的手作料理也大受好評。

☎0263-93-3313 IN 15:00 OUT 10:00 ¥1泊2食11000日圓~ 所松本市安曇沢渡4154-11 ⓑⓤⓢALPICO交通新島島站搭乘ALPICO交通巴士往上高地·平湯36分,さわんど巴士站下車即到 🅿20輛 🛏12房

MAP P.53

➡建於北阿爾卑斯入口的療癒旅宿

在樹林的包圍下盡情享受天然溫泉

澤渡 かみこうちホテル
上高地飯店

可在寧靜的山間盡情享受度假氛圍的飯店。往上高地、乘鞍高原開車約25分,交通也很方便。旅途之後可享受天然溫泉和使用信州食材的宴席料理。

☎0263-93-2910 IN 15:00 OUT 10:00 ¥1泊2食8500日圓~ 所松本市安曇沢渡温泉4171 ⓑⓤⓢALPICO交通新島島站搭乘ALPICO交通巴士往上高地·平湯36分,アルピコ交通さわんど車庫前巴士站下車即到 🅿24輛 🛏24房

MAP P.53

➡除了洋、和室,也有使用無邊榻榻米的和室

開車回家前來泡個溫泉!

澤渡溫泉的 強力推薦 不住宿溫泉

這是從溫泉湧出的中之湯地區取泉的溫泉地。於上高地健行之後,可在此悠閒地舒緩疲勞。

在極為寬敞的足湯療癒身心

さわんどおんせんゆのさとこうえん
澤渡溫泉湯鄉公園

取自天然溫泉的足湯一次可泡50人。因為是免費足湯,可在前往上高地或回來時隨意使用。

☎0263-93-1800(澤渡溫泉觀光服務處) 🗓24小時(照明只到21:00) 休無休 ¥免費 所松本市安曇沢渡4161-10 ⓑⓤⓢさわんど足湯公園前巴士站即到 🅿550輛(1天600日圓)

MAP P.53

➡可一邊眺望綠意盎然的景色,舒緩雙腳的疲勞

可隨興前往的溫泉設施

こもれびのゆ
木漏れ日の湯

位於梓川河畔,從上高地登山回來時,可隨興前往的不住宿溫泉。也有流汗之後可休息用餐的餐廳。

☎0263-93-2324 🗓7:00~21:00 休不定休 ¥600日圓 所松本市安曇沢渡4171-6 ⓑⓤⓢALPICO交通さわんど車庫前巴士站即到 🅿60輛

MAP P.53

➡位於お食事處お尻的溫泉。用餐前先來泡一下溫泉吧!

從大展望浴池盡享眼前美景

あずさこはんのゆ
梓湖畔の湯

位於澤渡大橋停車場腹地內的不住宿溫泉。湯泉為溫和不刺激肌膚的弱鹼性。可俯瞰梓川的大展望浴池,眼前所見淨是絕美景色。

☎0263-93-2380 🗓4月下旬~11月上旬、10:00~20:00(5、6、11月有變動) 休無休(5、6、11月不定休) ¥720日圓 所松本市安曇沢渡4159-14 ⓑⓤⓢさわんど大橋巴士站即到 🅿80輛

MAP P.53

➡室內浴池和露天浴池並排,可一覽眼下的溪谷美景

奥飛驒温泉郷
おくひだおんせんごう

北阿爾卑斯境內的5大溫泉地──
平湯、福地、新平湯、栃尾、新穗高溫泉
被稱為奧飛驒溫泉鄉，是岐阜縣數一數二的溫泉鄉。
這裡有大露天浴池，也有優質的木造浴池等各式各樣風格獨特的浴池。

CONTENTS
- P.58 平湯溫泉
- P.59 福地溫泉
- P.60 新平湯溫泉
- P.62 栃尾溫泉
- P.63 新穗高溫泉
- P.64 奧飛驒溫泉鄉的嚴選旅宿
- P.66 新穗高高空纜車
- P.70 奧飛驒溫泉鄉的伴手禮

▶使用木曾五木建造的松寶苑室內浴池

一目瞭然的交通地圖

從松本
巴士：在松本站搭往新穗高溫泉或高山的特急巴士到平湯巴士總站，車程1小時30分。接著再搭乘路線巴士到各個溫泉地。
開車：從松本IC經由安房峠道路，到平湯溫泉約47km。

從高山
巴士：在JR高山站旁的高山濃飛巴士中心搭往新穗高溫泉或松本的巴士到平湯巴士總站，車程1小時。
開車：從高山IC到平湯溫泉走國道158號約36km。

■ 收費道路
■ 國道、縣道、其他
■ 路線巴士
■ 高空纜車

栃尾溫泉 — 濃飛巴士 ●從平湯溫泉36~45分/890日圓 → **新穗高溫泉**（新穗高高空纜車）

●縣道475號/7km

●新穗高高空纜車（第1）/4分 → **鍋平高原站**

●從平湯溫泉17分/550日圓 濃飛巴士 國道471號/約2km

新平湯溫泉

●步行2分

●從平湯溫泉14分/470日圓 濃飛巴士 國道471號/約2km

●新穗高高空纜車（第2）/7分 → **白樺平站**

福地溫泉 → **西穗高口站**

●從平湯溫泉10分/370日圓 濃飛巴士 國道471號/約5km

轉乘

前往高山的方法請參照P.98

電車 巴士 高山站（高山濃飛巴士中心） 濃飛巴士 → **平湯溫泉**（平湯巴士總站）

1小時/1570日圓

ALPICO交通 濃飛巴士

●1小時30分/2370日圓

電車 巴士 松本站（松本巴士總站）

前往松本的方法請參照P.98

前往高山的方法請參照P.96

開車 高山IC → **平湯溫泉**

國道158號/約36km

●安房峠道路/約6km 通行費用普通車770日圓

中之湯

國道158號/約41km

開車 松本IC

前往松本的方法請參照P.96

※刊載內容為2017年12月時的資訊。

奧飛驒溫泉鄉 是

這樣的地方

奧飛驒溫泉鄉是泉量為日本第3大的5大溫泉地的總稱。有很多風格獨特的浴池,可隨意巡遊溫泉,另外也推薦可觀賞絕美景點的高山纜車。

前往奧飛驒溫泉鄉的交通情報→P.18~21・P.55　奧飛驒溫泉鄉的地圖→MAP P.68~69

→能一覽北阿爾卑斯山脈的新穗高高空纜車。車程約25分,能夠帶領遊客進入別有洞天的世界

和圓空有淵源的溫泉地,有很多風格獨特的旅宿

新平湯溫泉
しんひらゆおんせん →P.60

奧飛驒溫泉鄉規模最大的新平湯溫泉,泉量豐沛。熊牧場以及佛師圓空上人晚年為了進行溫泉湯療所待的禪通寺都是推薦的景點。

↑在奧飛驒熊牧場可遇見亞洲黑熊等約100頭的熊

→位於蒲田川河岸邊的荒神之湯,是個只有脫衣間的簡樸無人溫泉

利用溫泉種植的南國水果也引起話題

栃尾溫泉
とちおおんせん →P.62

湧出來的泉水為透明無色的單純泉。有很多家庭民宿等較為簡樸的旅宿。近年來利用溫泉熱栽種的火龍果和香蕉也引起話題。

被稱為「天皇泉」的山里簡樸溫泉地

福地溫泉 →P.59
ふくじおんせん

據說是平安時代村上天皇為了療養身體而私下來訪的溫泉地。位於深山當中,充滿偏鄉氣息。這裡的早市頗具人氣,可以來挖寶。

→可在大自然當中享受溫泉樂的元湯孫九郎

奧飛驒溫泉鄉的入口,也是觀光據點的溫泉地

平湯溫泉 →P.58
ひらゆおんせん

曾有傳說說以前武田信玄的軍隊攻入飛驒時,看見猴子在此泡湯治療傷口,因此家臣們也在此養精蓄銳。是個有歷史故事的溫泉地。

←很多旅宿和餐廳都可吃到飛驒牛,請務必品嘗看看

可遙望雄偉的北阿爾卑斯山脈的大露天浴池天國

新穗高溫泉 →P.63
しんほたかおんせん

以此地區的河岸為中心,有各式溫泉湧出的新穗高溫泉。泉質豐富,飯店數量也是奧飛驒之最。高空纜車位於此處,為知名的北阿爾卑斯登山口。

好玩報你知!

3大關鍵字

1　可在5大溫泉地連續泡溫泉

有風格獨特的5大溫泉地聚集的奧飛驒溫泉鄉。每個溫泉地的泉質和氣氛都不相同,只去一個地方實在太可惜。可以研究看看要在哪裡住宿、要在哪裡純泡湯等等,規劃一趟屬於自己的溫泉地之旅吧!

2　令人感動的山岳風景!雙層高空纜車

新穗高高空纜車能夠從空中眺望北阿爾卑斯絕景。這是日本最初的雙層高空纜車,在車廂中可眺望360度的景觀,壯觀絕倫。高空纜車車站附近也有健行路線和純泡湯的露天浴池,可以在此享受悠閒時光。

3　在平湯農家直販市場購物

可便宜購買新鮮蔬菜的人氣直販市場。距離平湯巴士總站也很近,早上散步時,可以順便繞來看看。

☎090-7853-1727(かかし庵)　⏰4月下旬~11月中旬、6:30~15:00(有季節性變動)　開放期間無休
🏠岐阜縣高山市奧飛驒溫泉鄉平湯763-1 平湯之森停車場(入口)
🚌平湯巴士總站步行5分
🅿100輛(平湯之森停車場)

MAP P.68 B-4

進階玩法 ❶ 露天浴池天國新穗高溫泉
巡訪山中絕景浴池

說到位於北阿爾卑斯山腳下的奧飛驒溫泉鄉，最大的樂趣就是可以看到壯麗景觀和浸泡良質溫泉的露天浴池。當中，新穗高溫泉有可以讓250人一起入浴的日本最大級浴池，以及從橋上可以看得一清二楚，河邊的魄力滿點混浴浴池（可穿泳裝），質量也可稱得上是日本第一。可盡情在大自然中享受泡湯樂趣。

➡從橋上雖然可以看到浴池，但可穿著泳裝，不用擔心

⬅槍見之湯 槍見館的露天浴池為男女混浴（女性專用7～9時）（➡P.63）

⬆可一覽燒岳的新穗高遊客中心「山樂館」的神寶乃湯（➡P.67）

泡完湯後，不妨來一支山葵霜淇淋！（➡P.67）

⬆可於新穗高高空纜車「喫茶 笠ヶ岳」購買

新穗高之湯
しんほたかのゆ

位於蒲田川沿岸，魄力滿點的混浴共同露天浴池。寬敞的浴池被天然巨石包圍，溪流的水聲轟隆作響。可一邊眺望雄偉的山脈絕景，一邊享受充滿開放感的溫泉樂趣。

MAP P.69 C-3

✆0578-89-2458
（奧飛驒溫泉鄉觀光服務處）
🕐4月下旬～10月30日、8:00～18:00 🈺開放期間無休（河水高漲時可能會休業）💴清潔費（300日圓左右）🏠岐阜縣高山市奧飛驒溫泉鄉神坂 🚌中尾高原口巴士站即到 🅿20輛

進階玩法 ❸ 千萬不能錯過！
品嘗平湯溫泉的名產！

說到平湯溫泉的名產就是「顛倒溫泉蛋」。「顛倒溫泉蛋」的蛋黃是凝固的，蛋白則是流質的半熟狀態，因此得名。由於溫泉裡的碳酸氫鈉食鹽成分已經滲入蛋裡，因此吃的時候不需要沾鹽。

つるや商店
つるやしょうてん

🔍一定要品嘗一次的顛倒溫泉蛋

✆0578-89-2605
🕐8:00～20:30 🈺不定休 🏠岐阜縣高山市奧飛驒溫泉鄉平湯519 🚌平湯巴士總站即到 🅿5輛

MAP P.68 C-4

《 其他的奧飛驒名產 》
推薦奧飛驒產的飛驒山椒和生山葵、以及新一代名產的火龍果。詳細會在（➡P.70）中介紹。

進階玩法 ❷ 巡訪奧飛驒溫泉時一定要攜帶！
湯巡手形「奧飛驒湯けむり達人」

奧飛驒溫泉鄉最令人期待的活動就是2014年開始發行的湯巡手形（泡湯通行證）。現在有4個溫泉地和15間旅宿參與。在加盟旅宿或觀光服務處販售的手形通行證，只要1人購買1張，然後在加盟旅宿的櫃台出示通行證即可入浴。手形通行證上會附3張入浴貼紙，1間旅宿需要1～2張，撕下貼紙後，底下如果印有3個和貼紙相同的「奧飛驒溫泉鄉」文字，就可獲得高級原創浴巾。要巡訪溫泉時，建議先購買湯巡手形喔！

✆0578-89-2614
（奧飛驒溫泉鄉觀光協會）
🕐8:30～17:00 🈺無休（過年期間、黃金週休）💴1枚1200日圓 🏠岐阜縣高山市奧飛驒溫泉鄉村上1689-3 🚌栃尾溫泉巴士站步行7分

⬇使用湯巡手形可獲得浴巾當紀念品

（ 紀念品交換處 ）
奧飛驒溫泉鄉觀光協會、奧飛驒溫泉鄉觀光服務處（✆0578-89-2458）、平湯溫泉觀光服務處（✆0578-89-3030）等3處。

奧飛驒觀光的起點
平湯巴士總站

平湯溫泉是奧飛驒溫泉鄉的入口。位於阿爾卑斯街道平湯1樓的巴士總站，除了奧飛驒溫泉鄉之外，還有前往上高地、乘鞍、高山、松本方向的路線巴士和特急巴士在此發車和抵達。建築物內有餐廳和伴手禮店，也有不住宿的溫泉設施。

➡足以當作觀光設施的巴士總站

✆0578-89-2611（阿爾卑斯街道平湯）
🕐8:30～17:00（有季節性變動）
🈺無休 🏠岐阜縣高山市奧飛驒溫泉鄉平湯 🅿80輛
MAP P.68 B-4

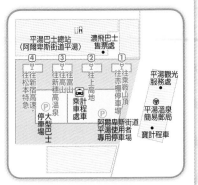

巡訪奧飛驒溫泉鄉就搭乘路線巴士！

在奧飛驒溫泉鄉內移動時，可以利用連結平湯溫泉和新穗高溫泉的濃飛巴士的路線巴士；但如果會住1晚的話，建議使用平湯巴士總站販售的「奧飛驒溫泉鄉2日自由乘車券」，全票1540日圓，可在2天內於平湯溫泉到新穗高高空纜車之間自由搭乘，全年皆有販售。

奧飛驒溫泉鄉的洽詢處
● 奧飛驒溫泉鄉觀光協會 ✆0578-89-2614
● 奧飛驒溫泉鄉綜合服務處 ✆0578-89-2458
● 平湯溫泉觀光服務處 ✆0578-89-3030
● 奧飛驒溫泉鄉的觀光資訊 🌐www.okuhida.or.jp
● 高山市觀光資訊 🌐kankou.city.takayama.lg.jp

超豐盛的豪華料理

奧飛驒溫泉鄉的溫泉導覽

一舉介紹風格獨特的5大溫泉地

奧飛驒溫泉鄉有平湯溫泉、福地溫泉、新平湯溫泉、栃尾溫泉和新穗高溫泉等5大溫泉地。從古民宅的溫泉旅宿到大露天浴池，各式各樣的旅宿，讓你享盡泡湯樂趣！

溫泉旅宿

山のよろこび 旅館 榮太郎
やまのよろこびおやどえいたろう

位於平湯巴士總站步行即到的位置，相當方便。泉質為鈉-碳酸氫鹽泉，有泉水溫潤滑順的露天浴池，和被稱為美人之湯的透明無色室內浴池。

☎ 0578-89-2540
IN 15:00　OUT 10:00　¥ 1泊2食11000日圓（未含稅）～　所 岐阜縣高山市奧飛驒溫泉鄉平湯649　交 平湯巴士總站即到　P 15輛　客 20房
MAP P.68 C-4

↑可以大啖A5等級的飛驒牛

奧飛驒溫泉鄉最早的溫泉地

平湯溫泉
ひらゆおんせん

交通 P.55　MAP P.68

位於奧飛驒溫泉鄉入口的溫泉地。也是連接溫泉鄉和上高地、松本、高山的巴士發車和抵達的地方，交通非常方便。另外還有武田信玄的軍隊在攻入飛驒時，曾在此養精蓄銳的傳聞。

溫泉小檔案
浴池種類
露天浴池、室內浴池：男女分開各2處

不住宿泡湯資訊
外來入浴不可

→本館的溫泉有2種泉質可以浸泡

↑附露天浴池的客房「水楢」。可在浴池中感受自然森林的風情

Mozumo旅館

溫泉旅宿

自然森林環繞的溫泉旅宿，共有10間客房。所有客房都有露天浴池，褐色的自家源泉毫不吝嗇地注入浴池當中。大廳鋪有無邊榻榻米，透過大片窗戶可就近感受隨著四季變化的森林景觀。

☎ 0578-89-2020
IN 15:00　OUT 10:00　¥ 1泊2食25000日圓～　所 岐阜縣高山市奧飛驒溫泉鄉平湯579-1　交 平湯巴士總站步行8分　P 10輛　客 10房
MAP P.68 B-4

溫泉小檔案
浴池種類
露天浴池：男女分開各1處

不住宿泡湯資訊
外來入浴不可

→包括客房露天浴池和共同露天浴池，所有館內浴池都毫不吝惜地使用自家源泉

平湯溫泉的景點&餐廳

使用飛驒牛的豐富菜色

あんき屋
あんきや

🍴 美食

能夠一次品嘗各式飛驒美味的餐廳。可享用蒸烤飛驒牛和蔬菜的あんき屋特製飛驒牛鐵板燒和朴葉味噌燒定食。

☎ 0578-89-2755　⏰ 11:00～23:00〈LO22:30〉（12月第3週日～3月因作為滑雪場餐廳，時間有變更）
休 不定休　所 岐阜縣高山市奧飛驒溫泉鄉平湯768-36　交 平湯巴士總站步行10分　P 30輛
MAP P.68 B-3

→搭配精緻講究的醬油，品嘗あんき屋特製飛驒牛鐵板燒定食1250日圓

從可樂餅到里肌肉，嘗盡飛驒牛美食

お食事処 いなかや
おしょくじどころいなかや

🍴 美食

這是不住宿溫泉穗高莊俱樂部內的餐廳。有各式飛驒牛料理，從可樂餅到漢堡排，從平價料理到A5等級的里肌肉，應有盡有。

☎ 0578-89-2306（穗高莊俱樂部）　⏰ 12:00～14:00〈LO13:30〉、18:00～22:00〈LO21:00〉
休 週四、不定休　所 岐阜縣高山市奧飛驒溫泉鄉平湯溫泉 穗高莊俱樂部　交 平湯巴士總站步行3分　P 50輛
MAP P.68 C-4

→軟嫩的里肌肉入口即化。飛驒牛鐵板燒御膳4200日圓

高64m、寬6m的壯觀瀑布

平湯大瀑布
ひらゆおおたき

📷 景點

位於奧飛驒平湯大瀧公園內的飛驒三大名瀑之一，也有入選「日本瀑布百選」。從高64m處傾瀉而下的水花魄力十足。

☎ 0578-89-3030（平湯溫泉觀光服務處）　⏰ 9:00～17:00〈最終入場〉（11～3月～16:00〈最終入場〉）
所 岐阜縣高山市奧飛驒溫泉鄉平湯　交 平湯巴士總站步行30分　P 50輛
MAP P.87 C-1

→初夏可見新綠，秋天可見紅葉，美不勝收

→可就近感受山中大自然的「帝之湯」

感受山中風情

福地溫泉

ふくじおんせん

交通 P.55 MAP P.69

位於離縱貫奧飛驒溫泉鄉的國道471號有點距離的小小溫泉地。位於深山村里，可感受該土地特有的濃厚特色所發展出來的獨特歷史和文化。每天都會有的早市也不可錯過。

溫泉旅宿

もとゆまごくろう
元湯 孫九郎

→由懷舊的本館和鋼筋建造的天領館所構成

擁有4個獨自的源泉，泉量豐富且優良，可飲用，並且擁有寬敞的岩造露天浴池的人氣旅宿。2015年夏天重新整修，新建的檜木製室內浴池「大湯」完工，可以享受更加悠閒的泡湯時光。加入許多當地食材的宴席料理也大受好評。

☎0578-89-2231 IN 15:00 OUT 10:00 ¥1泊2食16350日圓～ 岐阜縣高山市奧飛驒溫泉鄉福地1005 福地ゆりみ坂巴士站即到 P30輛 24房 MAP P.69 A-3

溫泉小檔案
浴池種類
露天浴池、室內浴池：男女分開各1處，包租浴池：2處

不住宿泡湯資訊
外來入浴不可

やまざとのいおりそうえん

溫泉旅宿
山里草岡 日式旅館

將170年以上屋齡的飛驒古民宅移建重生的煙香庵，使用新潟的豪農住宅重建的木庵，以及開墾自家山地重新建築的草庵等3座建築物構成的旅館。煙香庵為國家的登錄有形文化財。

☎0578-89-1116 IN 15:00 OUT 11:00 ¥1泊2食17800日圓(不含稅)～ 岐阜縣高山市奧飛驒溫泉鄉福地831 福地ゆりみ坂巴士站步行3分 P20輛 15房 MAP P.69 A-3

↑煙香庵有兼做大廳的地爐間和2間客房

溫泉小檔案
浴池種類
露天浴池、室內浴池：男女分開各1處，包租浴池：3處

不住宿泡湯資訊
15:00～21:00，需預約
¥800日圓(未含稅) □無
100日圓(未含稅) □免費

古民宅移建的溫泉旅宿

在有形文化財中體驗古早生活

2

1

ゆもとちょうざ
湯元 長座

使用明治時代的庄屋住宅等約15棟傳統古民宅移建的秘湯旅館。除了福地溫泉的共同源泉之外，還有3座自家源泉，為寬敞的露天浴池、室內浴池和かわらの湯注入了豐富的泉量。在地爐旁享用飛驒牛和質樸的深山料理也別有一番滋味。

1位於距離旅宿稍遠的平湯川沿岸的名浴池「かわらの湯」
2挑高的天花板、開放感十足的大廳。老舊傢俱和日常用品飄散著懷舊的氛圍

溫泉小檔案
浴池種類
露天浴池：男女分開各2處，室內浴池：男女分開各1處，包租浴池：3處

不住宿泡湯資訊
外來入浴不可

MAP P.69 A-3

☎0578-89-0099 IN 15:00 OUT 10:00 ¥1泊2食20520日圓～ 岐阜縣高山市奧飛驒溫泉鄉福地786 福地ゆりみ坂巴士站即到 P40輛 27房

↑可眺望河川的半露天浴池

福地溫泉的景點 & 餐廳

每天都會舉辦的早市

ふくじおんせんあさいち
福地溫泉朝市

購物

擺滿了當地農家栽培的當季新鮮蔬果、山菜、香菇和傳統民藝品，可以早起去逛逛。

☎0578-89-3600 (寶商事)
6:30～11:00（11月15日～4月14日8:30～）
休無休 傳說之鄉入口 福地溫泉巴士站即到 P40輛（傳說之鄉停車場）
MAP P.69 A-4

↑店頭也有擺放特產品

引發鄉愁的悠閒之湯

むかしばなしのさといするぎのゆ
傳說之鄉 石動之湯

溫泉

鄰接傳說之鄉 五平餅村的共同浴池，男女分別有室內浴池和露天浴池。泡完湯後還可享用五平餅，享受悠閒時光。

☎0578-89-2793 10:00～17:00〈最終入場16:30〉、冬季10:00～16:00〈最終入場15:30〉週三、有不定休 岐阜縣高山市奧飛驒溫泉鄉福地110 ¥500日圓（附五平餅村的五平餅1支 ※特定日除外）福地溫泉巴士站即到 P20輛
MAP P.69 A-4

→日照舒適的露天浴池

令人想起太古時期的浪漫

ふくじかせきかん
福地化石館

博物館

福地是日本數一數二的化石出產地，這裡展示了許多福地出土的珍貴化石。在海拔1000m的土地上採集到海中的化石，讓人感受到太古時期的浪漫。

☎0578-89-2793 (傳說之鄉)
9:00～17:00 休無休 岐阜縣高山市奧飛驒溫泉鄉福地 福地溫泉巴士站即到 P20輛
MAP P.69 A-4

↑展示許多沉睡於福地一帶的化石

 浴巾 毛巾 洗髮精‧潤髮乳‧沐浴乳

壯觀的飛驒造建築

温泉旅宿

（しょうほうえん）
松寶苑

洋溢著懷舊風情的古民宅獨棟旅宿。威風凜凜的主屋是移建自屋齡120年的新潟古民宅。穿過玄關，會看到欅木梁柱環繞的挑高空間。新館的梁柱也是使用樹齡100年的欅木古樹。使用木曾五木建造的湯屋也很壯觀。溫泉為自家源泉放流。

☎0578-89-2244
IN 14:00 OUT 10:00 ¥1泊2食12960日圓～
所岐阜縣高山市奧飛驒溫泉鄉一重ヶ根205-128
交福地溫泉口巴士站即到 P20輛 15房
MAP P.69 A-3

■溫泉小檔案
浴池種類
露天浴池、室內浴池:男女分開各1處，包租浴池:2處
不住宿泡湯資訊
外來入浴不可

1面對中庭的大浴場，木曾五木的質感令人驚艷絕倫 2主屋是在新潟古民宅中加入飛驒造設計重生的建築 3飛驒牛的焙焙燒是該旅宿的名產。飛驒牛使用的是精心挑選的高級食材

位於溫泉鄉中央的溫泉街

新平湯溫泉

（しんひらゆおんせん）
交通 P.55 MAP P.69

這是沿著國道471號南北延伸的奧飛驒溫泉鄉裡最大的溫泉地。除了傳統的溫泉之外，現在還有SPA設施。住宿設施、餐廳和名產店也散布各地，禪通寺和熊牧場等觀光景點也很豐富。

温泉旅宿

大啖1天5組的限定料理

■晚餐使用講究的當地食材和容器，可品嘗到運用當季美味的原創懷石料理

（りょうりりょかんおくひださんそうあんきょうや）
料理旅館
奧飛驒山草庵 饗家

1天限定5組的隱密式料理旅館。館內的4座包租浴池有露天浴池也有室內浴池，舒適愜意。在屋齡150年的豪華古民宅移建的餐廳裡，可悠閒享用旅宿的招牌料理「新‧奧飛驒懷石」。

☎0578-89-2517
IN 15:00 OUT 10:30 ¥1泊2食19440日圓～
所岐阜縣高山市奧飛驒溫泉鄉一重ヶ根212-84
交禪通寺前巴士站步行3分 P15輛 5房
MAP P.69 B-2

■「岩之湯」的室內浴池使用御影石打造而成

■溫泉小檔案
浴池種類
露天浴池、室內浴池:4處（包租）
不住宿泡湯資訊
外來入浴不可

■由客房棟的主屋及有餐廳和湯屋的山草庵2棟所構成

■烤味噌香氣四溢的「飛驒牛味噌陶板燒」

在地爐邊享用奧飛驒的鄉土料理

温泉旅宿

（おくひだひゃくしょうざしきのやどふじや）
奧飛驒百姓
座敷之宿 藤屋

在匠心獨具的奧飛驒百姓座敷的餐廳裡，可在充滿懷舊情懷的氣氛中品嘗名產「かか樣料理」。溫泉是大量引自2條溫泉和冷泉的放流療癒之湯。

☎0578-89-2714
IN 15:00 OUT 10:00 ¥1泊2食15120日圓～ 所岐阜縣高山市奧飛驒溫泉鄉一重ヶ根1757-1 交古屋ヶ根巴士站即到
P10輛 7房
MAP P.69 B-3

■溫泉小檔案
浴池種類
露天浴池、室內浴池:男女分開各2處，包租浴池:2處
不住宿泡湯資訊
10:00～17:00、需確認
¥500日圓 無 無
免費

■可在總檜造的室內浴池和包租露天浴池享受放流溫泉

在露天浴池和
室內浴池
享受不同源泉

➡從露天浴池可一覽奧飛驒群山

奧飛驒溫泉鄉

ゆじょうのやどこんじりょかん

湯情之宿 建治旅館

⬆客房全都在2樓，視野良好

除了1天限定5組的招牌飛驒牛和淡水魚之外，還有奧飛驒軍雞等當地限定的鄉土料理。用山白竹葉包麻糬的笹卷和木天蓼酒等也是滋味非凡。

📞0578-89-3433
IN 15:00 **OUT** 10:00
¥1泊2食14000日圓～ 📍岐阜県高山市奧飛驒溫泉鄉一重ヶ根1545-3
🚌禅通寺前巴士站即到
🅿10輛 🛏7房
MAP P.69 B-2

🔸溫泉小檔案
浴池種類
露天浴池、室內浴池:男女分開各1處

不住宿泡湯資訊
外來入浴不可

はなごころばんき

花心万喜

以旅館女主人親自摘採的野花、繪畫、書法等來迎接旅客，是個只有6間客房的小旅宿。晚餐為地產地消的奧飛驒鄉土料理。以奧飛驒牛涮涮鍋為主，是使用自家蔬菜和當地食材的簡樸懷舊料理。

📞0578-89-2418
IN 15:00 **OUT** 10:00 ¥1泊2食14040日圓～ 📍岐阜県高山市奧飛驒溫泉新平湯溫泉781 🚌禅通寺前巴士站即到 🅿10輛 🛏6房
MAP P.69 B-2

❶整理得無微不至的和風客房
❷由屋齡100年的板藏小屋改造而成的包租露天浴池「田舍藏露天」

🔸溫泉小檔案
浴池種類
露天浴池、室內浴池:男女分開各1處，包租浴池:2處

不住宿泡湯資訊
外來入浴不可

溫泉旅宿

野花療癒心靈的溫泉旅宿

➡所有客房都設有地爐，營造充滿懷舊氛圍的空間

設有地爐間，安心舒適的古民宅旅宿

⬆運用飛驒造古民宅風情的挑高大廳 ➡設有室內浴池和岩造露天浴池的包租浴池「藏之湯」。不用預約可免費使用

🔸溫泉小檔案
浴池種類
露天浴池、室內浴池:男女分開各1處，包租浴池:2處

不住宿泡湯資訊
🕐18:00～20:00（僅可使用大浴場），需確認 ¥500日圓
🚫需洽詢 ✅免費

きょうむのやどやまぼうし

鄉夢之宿 山帽子

溫泉旅宿

移建自飛驒造古民宅，充滿木頭溫馨氣息的旅宿。全館使用自然採光，明亮舒適。晚餐可在設有火爐的包廂內品嘗使用飛驒牛和北阿爾卑斯新鮮蔬菜的鄉土風創作料理。有男女分開的岩造露天浴池和2處包租浴池，可盡情享受溫泉。

📞0578-89-2538
IN 15:00 **OUT** 10:00
¥1泊2食17280日圓～ 📍岐阜県高山市奧飛驒溫泉鄉一重ヶ根832 🚌禅通寺前巴士站即到 🅿12輛 🛏10房 **MAP** P.69 B-2

新平湯溫泉的景點&餐廳

使用飛驒食材的料理

しょくどうカフェ よつば

食堂カフェ よつば 🍴美食

店內使用古材，復古又摩登。可品嘗到飛驒牛或鄉土料理炒雞肉等有奧飛驒特色的料理。午餐以飛驒套餐1500日圓最受歡迎。

📞0578-89-2434 🕐11:00～16:00〈LO15:30〉、18:00～24:00〈LO 23:30〉 🚫週二 📍岐阜県高山市奧飛驒溫泉鄉一重ヶ根212-125 🚌禅通寺前巴士站步行3分 🅿6輛
MAP P.69 B-2

➡加入了奧飛驒特產山椒的自製戚風蛋糕400日圓

美味的內臟料理

なかせ

奈賀勢 🍴美食

使用自製味噌和高麗菜熬煮的牛大腸大受好評。和牛排、燒肉又是完全不同的美味。

📞0578-89-2505 🕐10:00～14:00〈LO13:30〉、17:00～21:00〈LO20:30〉 🚫週四 📍岐阜県高山市奧飛驒溫泉鄉一重ヶ根868-3 🚌新平湯溫泉巴士站即到 🅿5輛
MAP P.69 B-2

➡使用中華麵湯頭提味的美味牛腸880日圓

可和熊接觸交流的主題公園

おくひだクマぼくじょう

奧飛驒熊牧場 🎡玩樂

養有亞洲黑熊的主題樂園。可以看到熊撒嬌的可愛模樣，體驗餵食樂趣。

📞0578-89-2761 🕐8:00～17:00〈最終入場16:30〉 🚫無休 📍岐阜県高山市奧飛驒溫泉鄉一重ヶ根2535 ¥1100円 🚌クマ牧場前巴士站步行5分 🅿300輛
MAP P.69 B-4

➡可遇到100頭亞洲黑熊

寶山莊
ほうざんそう

溫泉旅宿

有使用許多巨石、充滿野趣的露天浴池，也有包租浴池。館內的手打蕎麥麵店（僅供午餐、週三休）也很受歡迎。

☎ 0578-89-2358
IN 13:00 OUT 9:30 ¥ 1泊2食8250日圓～
所 岐阜縣高山市奧飛驒溫泉鄉栃尾457-10
交 上栃尾巴士站即到 P 11輛 7房

MAP P.68 A-4

▲雖然小間，但家庭式的接待讓許多旅客願意回流

溫泉小檔案
浴池種類
露天浴池、室內浴池：男女分開各1處，包租浴池：1處

不住宿泡湯資訊
外來入浴不可

▲露天浴池中注滿源泉放流的溫泉

▲合掌造的屋頂充滿了鄉愁

利用合掌造建築改建的旅宿

民宿 栃尾莊
みんしゅくとちおそう

溫泉旅宿

利用屋齡200年的合掌造建築物改建的溫馨旅宿。在大塊岩石布置的露天浴池中，可盡情享受北阿爾卑斯一年四季的自然美景和優質良泉。可享受3種特色浴槽的包租浴池也大受好評。

☎ 0578-89-2404
IN 14:30 OUT 9:30
¥ 1泊2食8650日圓～
所 岐阜縣高山市奧飛驒溫泉鄉栃尾21
交 上栃尾巴士站即到 P 12輛
9房

MAP P.68 A-4

溫泉小檔案
浴池種類
露天浴池、室內浴池：男女分開各1處，包租浴池：1處

不住宿泡湯資訊
外來入浴不可

▲引以為傲的寬廣露天浴池

▲任何時間都可免費使用的包租溫泉

可觀賞群山與河川的絕景

保留簡樸氛圍的溫泉街
栃尾溫泉
とちおおんせん

交通 P.55 MAP P.68

位於河川沿岸，明亮簡樸又愜意舒適的溫泉地。沒有大型旅宿，在規模較小的溫泉地裡瀰漫著深山僻靜的氣息。特別推薦比起觀光更想要悠閒度假的人。這個位置也是適合溪釣的絕佳景點，因此也推薦給喜歡釣魚的旅客。

▲可以一邊遙望蒲田川和壯觀的群山，一邊泡溫泉

荒神之湯
こうじんのゆ

設於蒲田川河岸邊的共同露天浴池，是個只有脫衣間的簡樸無人溫泉，可以在大自然中盡情享受泡湯樂趣。岩造的露天浴池有分男女，可以輕鬆入浴。夜晚可仰望滿天群星。

☎ 0578-89-2614（奧飛驒溫泉鄉觀光協會）
所 岐阜縣高山市奧飛驒溫泉鄉栃尾
交 栃尾診療所前巴士站即到 P 20輛

MAP P.68 A-4

溫泉小檔案
浴池種類
露天浴池：男女分開各1處

不住宿泡湯資訊
8:00～22:00（週一・三・五12:00～），無休 ¥ 自由樂捐200日圓左右） 無 無 無

栃尾溫泉的 景點 & 餐廳

可觀賞螢火蟲的開放式足湯
螢之湯
ほたるのゆ

溫泉

在以螢火蟲聞名的栃尾溫泉河川公園內的足湯。位於蒲田川河岸，景觀優美，充滿開放感。紙傘風格的東屋也別有一番風情。

☎ 0578-89-2614（奧飛驒溫泉鄉觀光協會）（清掃時除外）休 不定休 所 岐阜縣高山市奧飛驒溫泉鄉栃尾
¥ 100日圓（自由樂捐）交 上栃尾巴士站步行2分 P 10輛

MAP P.68 A-4

▶6月下旬～7月下旬的夜晚，可在這一帶看到螢火蟲飛舞的夢幻場景

品嘗當地的岩魚料理
いちすけ
美食

除了使用當地岩魚的料理之外，還可吃到烏龍麵和蕎麥麵的餐廳。可在設有地爐的和式座位悠閒享用鄉土料理。

☎ 0578-89-2697 11:00～17:00（LO）（有變動）
休 週三 所 岐阜縣高山市奧飛驒溫泉鄉蒲田頃家11-1 公路休息站 奧飛驒溫泉鄉上宝內 交 栃尾溫泉巴士站步行20分
P 70輛

MAP P.68 A-2

▶可以和烏龍麵一起享用的鹽烤岩魚定食1200日圓

溫泉栽培的奧飛驒香蕉
奧飛驒農場
おくひだファーム

景點

位於栃尾溫泉栃尾莊後方的香蕉農園。販售日本最初以放流溫泉的蒸氣栽培的香蕉苗。只要事先預約便有人帶領參觀園內。

☎ 0578-89-3033
10:00～17:00（完全預約制，需1個月前預約，無預約者無法參觀）
休 週六、日、假日 所 岐阜縣高山市奧飛驒溫泉鄉栃尾21 交 上栃尾巴士站即到
P 15輛

▲容易栽培的超迷你香蕉2500日圓～糖度也很高

在古民宅旅宿品嘗鄉村料理

遠望雄偉的阿爾卑斯山脈的溫泉地
新穗高溫泉

しんほたかおんせん
交通 P.55　MAP P.69

位於北阿爾卑斯山腳下，可遠眺壯觀景色，浸泡優質良泉的溫泉地。有位於蒲田川沿岸，充滿開放感的露天浴池和日本最寬敞的露天浴池等。在大自然的環繞下浸泡於溫泉中，療癒身心吧！

瀧澤 民宿
ろくあんみんしゅくたきざわ
温泉旅宿

由古民宅重新整修的和式摩登溫泉旅宿。室內浴池、露天浴池皆為源泉放流，可包租入浴。另外可品嘗到使用飛驒牛和岩魚等當地食材的創作鄉村懷石料理。

☎0578-89-2705　IN 15:00　OUT 10:00
¥1泊2食11880日圓～　所岐阜縣高山市奧飛驒溫泉鄉中尾261　交おもちゃ博物館前巴士站即到（中尾高原口巴士站有接駁車，需確認）
P12輛　9房
MAP P.69 C-3

1 寬敞的源泉放流露天浴池，可泡4～5人
2 無邊榻榻米和黑白格紋的牆壁令人印象深刻的和式摩登客房

温泉小檔案
浴池種類
包租浴池:4處
不住宿泡湯資訊
⏱8:00～21:00、無休
¥500日圓　□100日圓
□100日圓　□免費

可眺望槍岳景觀的絕景露天浴池

温泉小檔案
浴池種類
露天浴池、室內浴池:男女分開各1處，包租浴池:3處
不住宿泡湯資訊
⏱10:00～16:00（僅可使用包租浴池），不定休
¥2000日圓　□200日圓
□100日圓　□免費

可遠眺槍岳、聆聽水流聲響的露天浴池

槍見之湯 槍見舘
やりみのゆゆりみかん
温泉旅宿

移建自屋齡200年的庄屋住宅，充滿懷舊風情的旅宿。在蒲田川沿岸有2座混浴露天浴池，以及4個包租露天浴池和女性專用露天浴池。可從露天浴池遠眺名峰槍岳的絕景。

☎0578-89-2808
IN 14:00　OUT 11:00
¥1泊2食18360日圓～
所岐阜縣高山市奧飛驒溫泉鄉神坂587
交中尾高原口巴士站步行5分
P15輛　15房
MAP P.69 C-3

↑放晴時可遠眺槍岳山頂的「槍見之湯」

温泉小檔案
浴池種類
露天浴池:混浴2處、女湯1處，室內浴池:男女分開各1處，包租浴池:4處
不住宿泡湯資訊
⏱10:00～14:00（混浴1處、女湯1處，包租浴池僅可使用1～2處），不定休　¥500日圓（包租1000日圓）　□200日圓
□200日圓　□無

深山莊別館 槍之鄉
しんざんそうべっかんやりのさと
温泉旅宿

晴天時，旅宿的7間客房和所有露天浴池都可看到槍岳雄偉的景觀。男女分開的室內浴池內還附有具按摩功能的露天浴池，另外還有3個包租露天浴池，在冷門時段所有浴池都可以包租使用。

☎0578-89-3434
IN 15:00　OUT 11:00　¥1泊2食14040日圓
所岐阜縣高山市奧飛驒溫泉鄉中尾4-8
交中尾高原口巴士站即到　P10輛　7房
MAP P.69 C-3

↑最大的露天浴池「山伏之湯」寬敞舒適，最適合家庭或團體包租湯

↑飲用溫泉有治療消化器官、便秘、糖尿病的效果。用來煮蛋也能變身成為健康營養的溫泉蛋

新穗高溫泉的景點 & 餐廳

新穗高唯一的乳白色溫泉
なかざきさんそうおくひだのゆ
中崎山莊 奧飛驒之湯
温泉

從發祥自新穗高溫泉的旅宿變成不住宿純泡湯專用的溫泉設施。設有室內浴池、露天浴池、蒸氣三溫暖等設備，可享受湯花漫舞的自家源泉泡湯趣。

☎0578-89-2021　⏱8:00～20:00（開店時間可能會有季節性變動，需洽詢）　休不定休　¥800日圓
所岐阜縣高山市奧飛驒溫泉鄉神坂710　交新穗高溫泉巴士站即到　P14輛
MAP P.69 C-2

➡室內浴池、露天浴池都是乳白色硫磺泉

可品嘗家庭料理和美味甜點
ほだかや
穗高屋
美食

以飛驒牛丼為主，還有山菜蕎麥麵、加有飛驒產蜂蜜的皇家奶茶等，有許多使用當地食材的餐點。

☎0578-89-2881　⏱10:00～17:00〈LO〉（有季節性變動）　休不定休　所岐阜縣高山市奧飛驒溫泉鄉中尾162-1　交星之鐘前巴士站即到
P5輛
MAP P.69 C-3

➡加入當地食材的人氣菜單飛驒牛皿（附咖啡）1000日圓

橫跨於大自然之中的大橋
きたアルプスおおはし
北阿爾卑斯大橋
景點

以雄偉壯觀的北阿爾卑斯連峰為背景，連結中尾高原和鍋平高原，全長150m的拱橋。高度有70m，開車通過時可享受特別的爽快感，是兜風的人氣路線。

☎0578-89-2458（奧飛驒溫泉鄉觀光服務處）　⏱自由通行　所岐阜縣高山市奧飛驒溫泉鄉神坂　交國立公園口巴士站步行30分
MAP P.69 C-3

➡新穗高溫泉首屈一指的絕佳觀景點

嚴選旅宿 in 創造美好的旅遊回憶 奧飛驒溫泉鄉

匠之宿 深山櫻庵
平湯溫泉 たくみのやどみやまおうあん

大量使用飛驒銘木的奢華溫泉旅宿。除了寬敞開放的大浴場露天浴池之外，連可免費使用的包租浴池也可享受到源泉放流的溫泉。

☎ 0578-89-2799
🕐 IN 15:00 OUT 11:00
💴 1泊2食23000日圓～
🏠 岐阜縣高山市奧飛驒溫泉鄉平湯229
🚌 平湯溫泉巴士總站步行7分
🅿 50輛 🛏 72房
MAP P.68 C-4

↖ 充滿自然素材的溫暖，溫馨舒適的附半露天浴池和洋室

↑ 在北阿爾卑斯的懷抱下，充滿情懷的溫泉旅宿

佇立於山中的溫泉旅宿 可感受到木頭溫暖

↑ 在露天浴池盡情享受充滿野趣的泡湯樂

溫泉小檔案
浴池種類
露天浴池、室內浴池:男女分開各1處，包租浴池:1處

不住宿泡湯資訊
外來入浴不可

渡過吊橋之後的河岸獨棟旅宿

↑ 渡過橫跨於蒲田川的吊橋後就能抵達的獨棟旅宿

深山莊
新穗高溫泉 しんざんそう

建於蒲田川沿岸、共有5座露天浴池的旅宿。可品嘗到岩魚骨酒和罕見的熊肉湯等當地特有的料理。一年四季的景色和夏天的釣岩魚也很有趣。

☎ 0578-89-2031
🕐 IN 14:30 OUT 10:00
💴 1泊2食13110日圓～
🏠 高山市奧飛驒溫泉鄉神坂720-1
🚌 深山莊前巴士站步行3分
🅿 30輛 🛏 14房
MAP P.69 C-2

↑ 3段式的混浴露天浴池。上段為男性用
↑ 打開門就能聽到潺潺的流水聲

溫泉小檔案
浴池種類
露天浴池:男湯2處、女湯1處、混浴1處
室內浴池:男女分開各1處
包租浴池:1處

不住宿泡湯資訊
🕐 8:00～22:00，不定休
💴 500日圓 🧴 無 🧼 無
（🛁 免費〈室內浴池〉）

愛寶館
平湯溫泉 あいほうかん

晚餐為以飛驒牛為主的深山料理的旅宿，由於是在房間內用餐，可以悠閒地品嘗食物美味。暖和身軀的溫泉，從Check in之後到隔天早上9點都可以使用。

☎ 0578-89-2628
🕐 IN 15:00 OUT 10:00
💴 1泊2食10950日圓～
🏠 岐阜縣高山市奧飛驒溫泉鄉平湯650
🚌 平湯溫泉巴士總站步行3分
🅿 12輛 🛏 11房
MAP P.68 C-4

療癒身心
充滿服務熱忱的旅宿

溫泉小檔案
浴池種類
露天浴池、室內浴池:男女分開，各1處

不住宿泡湯資訊
外來入浴不可

1 含大量鐵質，湯花呈褐色
2 讓人感受到和式風情的木製看板相當吸睛
3 使用飛驒牛等名產及當季食材做成的料理

盡情享受日本第一的大露天浴池

水明館 佳留萱山莊
すいめいかんかるかやさんそう

新穗高溫泉

湧自3條自家源泉的豐沛溫泉豪邁地放流至寬敞的浴池。最有名的混浴大露天浴池約有250張榻榻米大，寬敞度可謂日本之最。浴池周圍有北阿爾卑斯山的大環景圖。

☎0578-89-2801
IN 15:00 OUT 10:00 ¥1泊2食13000日圓（未含稅） 所岐阜縣高山市奧飛驒溫泉鄉神坂555 佳留萱巴士站步行5分 P30輛 7房

MAP P.68 B-1

♨ 溫泉小檔案

浴池種類
露天浴池:混浴3處、女湯2處
室內浴池:男女分開各1處，包租浴池:3處

不住宿泡湯資訊
⏰8:00～19:00（最終入場）¥800日圓
□300日圓 ●100日圓 ⊙免費

⬆源泉如瀑布般傾瀉而下的豪邁湯口。每分鐘湧出1200ℓ以上的大量溫泉

⬆外觀簡樸，客房皆為和室

⬆約250張榻榻米大的露天浴池。四處分布的巨岩和北阿爾卑斯的風景相當調和

旅館 飛驒牛之宿
りょかんひだぎゅうのやど

新平湯溫泉

可盡情享用飛驒牛的美食旅宿。飛驒牛使用的是由原本經營牧場和飛驒牛精肉店的老闆精心挑選的特等食材。12間客房全都附有露天浴池。有岩造和石鋪等，每間房間都有不同意趣的浴槽可以使用。

☎0578-89-3232
IN 15:00 OUT 10:00 ¥1泊2食15270日圓 所岐阜縣高山市奧飛驒溫泉鄉村上1399 村上巴士站即到 P12輛 12房

MAP P.68 A-4

盡情享用特等的飛驒牛料理

♨ 溫泉小檔案

浴池種類
露天浴池、室內浴池:男女分開各1處

不住宿泡湯資訊
外來入浴不可

1佇立於奧飛驒大自然中的旅宿 2將飛驒牛以蒸籠蒸過再以涮涮鍋的方式品嘗的「飛驒牛里肌肉蒸籠料理」是本店名產 3從包租浴池可遠望奧飛驒群山

♨ 溫泉小檔案

浴池種類
露天浴池、室內浴池:男女分開各1處，包租浴池:2處

不住宿泡湯資訊
外來入浴不可

飛驒路傳統日式旅館
かくれあんひだじ

福地溫泉

建於深山中的隱密式飛驒造旅宿。所有客房都備有檜木建造的室內浴池和露天浴池，河邊還有2座露天浴池可包租使用。晚餐可在地爐旁品嘗石烤飛驒牛等料理。

☎0578-89-2462 IN 14:00 OUT 11:00
¥1泊2食23910日圓～ 所岐阜縣高山市奧飛驒溫泉鄉福地687 福地溫泉上巴士站步行2分 P15輛 12房

MAP P.69 A-4

⬆融入大自然中的平屋建築也別有風情

備有奢侈的露天浴池的旅宿

⬆泡在溫泉中欣賞雪景也很心曠神怡

⬆隨時可以使用的客房露天浴池。房間內還設有檜木建造的室內浴池

鴨蹠草旅莊
りょそうつゆくさ

平湯溫泉

有地爐和彩繪玻璃的復古旅館。有3處源泉放流的包租浴池可24小時免費使用，當中的招牌浴池為檜木建造的頂樓露天浴池。另外還可嘗到季節性的鄉土料理，住宿費用也很平易近人。

☎0578-89-2620 IN 15:00 OUT 10:00
¥1泊2食8000日圓～ 所岐阜縣高山市奧飛驒溫泉鄉平湯621-1 平湯溫泉巴士總站步行3分 P20輛 9房

MAP P.68 B-4

⬆使用老闆栽種的蔬菜和山菜的手作料理大受好評

⬆可悠閒欣賞北阿爾卑斯景色的包租頂樓露天浴池

⬇移建自屋齡100年以上的倉庫，純住宿專用的別館

♨ 溫泉小檔案

浴池種類
包租浴池:3處

不住宿泡湯資訊
外來入浴不可

令人沉浸於懷舊氣氛中的鄉土料理大受歡迎的旅宿

奧飛驒溫泉鄉

笠岳 2898m 　拔戸岳 2813m 　雙六岳 2860m 　槍岳 3180m

↑在山頂展望台可盡情觀賞北阿爾卑斯的大環景圖

前往海拔2156m的絕景
新穗高高空纜車

從日本最初的雙層車廂眺望的景觀棒到沒話說!

招牌景點就是這片大環景圖!

←說不定可以見到棲息於北阿爾卑斯的白鼬和日本髭羚呢!

請大家過來玩吧!

在抵達可看到360度大環景圖的西穗高口展望台前,要先經歷11分鐘左右的空中散步。不妨趁這段期間,盡情觀賞槍、穗高連峰的壯觀景色吧!也可以在中途下車到森林散步或品嘗霜淇淋和飛驒牛串燒等當地名產喔!

登山道入口

千石園地
在原生樹林間有約10分鐘的散步路線。

高空纜車終點

西穗高口站
海拔2156m

第2高空纜車

7分

━━ 健行路線　　━━ 林道
━━ 散步道　　♨ 足湯

第2高空纜車

にしほたかぐちえき
西穗高口站

這裡是終點

高空纜車的終點。此處和出發地點的氣溫會相差到8℃左右,因此別忘了做好禦寒措施。這裡也有約10分鐘路程的散步道。

←車站周邊有寬廣的千石園地,可在此輕鬆散步

□設置於展望台的回聲郵筒

□山頂站限定販售的雲海餅。10個裝700日圓

←賣店販售的木製明信片380日圓

さんちょうえきショップ
🛍 山頂站Shop
位於山頂站3樓的伴手禮店。可以在這裡購買郵票和木製明信片,然後投進位於屋頂的郵筒中。

🍴 美食 Restaurant マウントビュー
位於山頂站4樓的自助式景觀餐廳。蘋果派搭配咖啡套餐900日圓

さんちょうてんぼうだい
📷 景點 山頂展望台
海拔2156m的另外一個世界。眼前一片雄偉壯觀的穗高連峰,一年四季會展現不同的面貌。

しんほたか
新穗高高空纜車
可攀登至海拔2156m的高空纜車。搭乘日本最初的雙層纜車,直達雲海之上。

📞 0578-89-2252　　MAP P.68 C-1
🕐 8:30~16:00〈最終入場〉(12~3月9:00~15:30〈最終入場〉)　休 無休(檢修時會臨時關閉)　所 岐阜縣高山市奧飛驒溫泉鄉新穗高　交 JR高山站搭往新穗高高空纜車的濃飛巴士,車程1小時40分,終點下車即到　P 1000輛

價格表

乘車區間		單程	來回
第1、2高空纜車聯絡 (新穗高溫泉~西穗高口)	大人	1600日圓	2900日圓
	小孩	800日圓	1450日圓
	行李(6kg以上)	300日圓	600日圓
第1高空纜車 (新穗高溫泉~鍋平高原)	大人	400日圓	600日圓
	小孩	200日圓	300日圓
	行李(6kg以上)	100日圓	200日圓
第2高空纜車 (白樺平~西穗高口)	大人	1500日圓	2800日圓
	小孩	750日圓	1400日圓
	行李(6kg以上)	200日圓	400日圓

※大人:13歲以上　小孩:6歲以上12歲以下

時刻表

出發車站	新穗高溫泉出發(第1上升)		白樺平出發(第2上升)		西穗高口出發(第2向下)	
營業時間	首班車	末班車	首班車	末班車	首班車	末班車
4/1~11/30	8:30	16:00	8:45	16:15	8:45	16:45
8/1~8月第4週日	8:00	16:30	8:15	16:45	8:15	17:15
8/13~8/16	7:00	16:30	7:15	16:45	7:15	17:15
10月的週六、日、假日	8:00	16:00	8:15	16:15	8:15	16:45
12/1~3/31	9:00	15:30	9:15	15:45	9:15	16:15

※第1、第2高空纜車上升、向下班次同時發車
※第1高空纜車　首班車之後,每小時00、30分發車(30分間隔)
※第2高空纜車　首班車之後,每小時15、45分發車(30分間隔)
※通常時,搭乘第1、第2高空纜車單程所需時間約25分(含轉乘時間)

第2高空纜車
白樺平站
しらかばだいらえき

位於從鍋平高原站步行2分鐘的地方，為第2高空纜車的出發站。要轉乘時需從鍋平高原站走到白樺平站搭乘第2高空纜車。

↑第2高空纜車由此乘車，海拔1308m

←郷土料理飛驒牛朴葉味噌牛排定食1700日圓

Restaurant「あるぷす」
美食

有使用飛驒豬的味噌炸豬排丼、飛驒牛咖哩等使用飛驒產食材的餐點。可坐在窗邊座位悠閒欣賞大自然景色。

↑溫泉蛋1顆100日圓

Takeout「パノラマ」
購物

除了使用飛驒牛的料理之外，還有販賣輕食和飲料的外帶專賣店。買完後可到戶外的餐桌席享用。

↓飛驒牛串燒500日圓，鮮嫩又多汁

↑熱呼呼的飛驒牛可樂餅280日圓

アルプスのパン屋さん
購物

位於車站2樓的烘焙坊。除了紅豆牛角麵包之外，還有很多現烤的麵包，擁有許多愛好者。另外也提供高原牛乳，可搭配麵包食用。

↑可在白樺平站觀賞纜車升降的足湯

↓紅豆牛角麵包260日圓等

步行2分

第1高空纜車
鍋平高原站
なべだいらこうげんえき

第1高空纜車的終點站，可步行到有各種設施的白樺平站。也是輕鬆散步和正式健行路線的起點。

↑位於海拔1305m的鍋平高原站。步行即到白樺平站

第1高空纜車
從這裡出發
新穗高溫泉站
しんほたかおんせんえき

這裡是第1高空纜車的出發地點。除了咖啡廳和伴手禮店之外，還有足湯可以浸泡。伴手禮店內有許多限定商品。

↑位於海拔1117m的位置。備有大型停車場

↓飛驒牛肉包420日圓

山麓站Shop
さんろくえきショップ
購物

商品豐富的名產店。除了山麓站Shop限定商品之外，還有當地的限定商品。另外也有販售飛驒特產酒和安曇野葡萄酒。

↓迷你纜車玩具1000日圓，可以買來做紀念

喫茶 笠ヶ岳
きっさかさがたけ
美食

位於車站1樓的咖啡廳，有無酒精飲料和輕食等。可在玻璃帷幕的明亮座位小憩片刻。

→芥末霜淇淋400日圓

味処 奥飛驒
あじどころおくひだ
購物

外帶專賣店。可隨意享用溫泉蛋、五平餅、飛驒牛串燒等飛驒名產。

↑人氣的溫泉蛋1顆100日圓

足湯
あしゆ
溫泉
併設於味処

位於車站前的放流溫泉，可隨意下水浸泡，因此很多人聚集在此，熱鬧非凡。建議可在散步後泡個腳恢復體力。

停留景點

新穗高遊客中心「山樂館」
しんほたかビジターセンター「さんがくかん」

除了展示解說北阿爾卑斯山脈與大自然的相關訊息，同時也有舉辦旅遊導覽等活動的遊客中心。併設露天浴池。

←位於白樺平站廣場的設施。散步之前可以先來這裡逛逛

新穗高遊客中心「山樂館」神寶乃湯
しんほたかビジターセンター「さんがくかん」かみたからのゆ
溫泉

位於遊客中心內的溫泉露天浴池。可在放流的溫泉中盡情享受眼前這片寬廣的北阿爾卑斯群山美景。

→使用費大人600日圓。露天浴池男女分開各2處

鍋平高原站
海拔1305m

白樺平站
海拔1308m

高空纜車出發地點

第1高空纜車

4分

新穗高溫泉站
海拔1117m

鍋平高原
なべだいら

新穗高遊客中心「山樂館」

在鍋平高原微健行
なべだいらこうげん

這裡有一條步行距離約2.3km的自然散步道。春天有鵝掌草，夏天有日本百合和柳蘭等，可看到各種季節的花卉。另外在鍋平高原站周邊也有高山植物盛開的山野草花園，可輕鬆恣意地在此散步。

↓山野草花園裡有色彩繽紛的花朵盛開

↓扭曲得令人難以置信的樹木

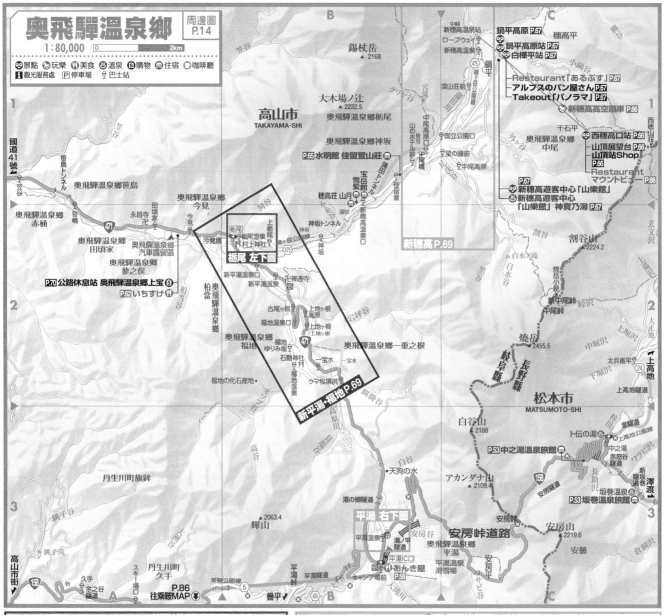

奥飛驒溫泉鄉

1:80,000 0 ———— 2km

周邊圖 P.14

景點　玩樂　美食　溫泉　購物　住宿　咖啡廳
觀光服務處　P 停車場　巴士站

A 　　**B** 　　**C**

1

高山市
TAKAYAMA-SHI

錫杖岳 ▲2168

大木場ノ辻 ▲2232.5

奥飛驒溫泉鄉栃尾

奥飛驒溫泉鄉神坂

P.65 水明館 佳留萱山莊

鍋平高原 P.67
鍋平高原站 P.67
白樺平站 P.67

Restaurant「あるぷす」P.67
アルプスのパン屋さん P.67
Takeout「パノラマ」P.67

新穗高高空纜車 P.66

奥飛驒溫泉鄉赤桶

奥飛驒溫泉鄉笹島

笹谷

國道41號

笹島隧道

永昌寺卍

田頃家卍

今見橋

奥飛驒溫泉鄉今見

栃尾
栃尾溫泉
村上神社

上栃尾

奥飛驒溫泉鄉
田頃家

奥飛驒溫泉鄉
汽車露營區

奥飛驒溫泉鄉
蓼之俣

P.70 公路休息站 奥飛驒溫泉鄉上宝
P.62 いちすけ

柏當

栃尾 左下圖

新平湯溫泉口
新平湯溫泉

卍神通寺

奥飛驒溫泉鄉

奥飛驒溫泉鄉
福地

福地溫泉

石動神社卍

福地の化石產地

クマ牧場福地

新穗高 P.69

西穗高口站 P.66
中尾
山頂展望台 P.66
山頂站Shop
P.66
Restaurant
マウントビュー P.66

奥飛驒溫泉鄉
中尾

P.67 新穗高遊客中心「山樂館」
新穗高遊客中心
「山樂館」神寶乃湯 P.67

割谷山 ▲2224.2

白水ノ滝

新中尾峠
中尾峠

焼岳 ▲2455.5

長野縣
岐阜縣

上地ヶ根
高原
福地溫泉
上地ヶ根
上地ヶ根

宝水　宝水

奥飛驒溫泉鄉一重之根

新平湯・福地 P.69

松本市
MATSUMOTO-SHI

上高地

上高地隧道

白谷山 ▲2188

卜伝の湯

P.53 中之湯溫泉旅館
中之湯
赤怒谷隧道

坂巻溫泉
新坂巻隧道
澤渡
P.53 坂巻溫泉旅館

2

3

丹生川町旗鉾

丹生川町久手

輝山 ▲2063.4

スキー場

高谷

銚子洞

余之谷隧道

P.86
往乘鞍MAP

天狗の水

湯の郷隧道

平湯 右下圖

平湯溫泉
あんき屋 P.58

平湯隧道

平湯峠

キャンプ場前

豐平

アカンダナ山 ▲2109.4

安房隧道

安房峠道路

安房峠

安房山 ▲2219.6

安曇

奥飛驒溫泉鄉
平湯

平湯IC

高山市街
158

A

栃尾

1:14,000 0 ———— 200m

周邊圖 P.69

國道41號

中本館

奥飛驒溫泉鄉栃尾

栃尾局
栃尾溫泉
栃尾橋

4 宝橋
紅色的橋

岐阜巴文化中心

奥飛驒溫泉鄉觀光協會

洞谷橋

春天有美麗的櫻花盛開

黃色的橋
藍色的橋

荒神神社
民宿 富久の湯
栃尾診療所

道祖神

這裡設有遊步道，
可沿著河岸行走

FRUSIC P.70
ハム工房 奥飛驒 P.70
P.62 民宿 栃尾莊
奥飛驒農場 P.62

荒神之湯 P.62

飛驒山椒 P.70

JA

奥飛驒溫泉鄉村上

村上橋

高原川

旅館 飛驒牛之宿 P.65

新平湯溫泉

奥飛驒溫泉鄉一重之根

上栃尾
新穗高溫泉

寶山莊 P.62

蓼之湯 P.62

高山市
TAKAYAMA-SHI

A 　　**B** 　　**C**

平湯

1:12,000 0 ———— 200m

周邊圖 上圖

福地溫泉

停車場
P 赤棚

匠之宿 深山櫻庵 P.64

湯の花ふわり湯元館
湯の平館
プリンス

岡田旅館・和楽亭
悠峯

山がの湯
穗高莊倶樂部
山口館

旅館 たなか
奥飛驒山莊
のりくら一休

つるや商店 P.57
Mozumo P.58 鴨雜草旅莊 P.65
旅館 中村館
P.64 愛寶館

山のよろこび 旅館榮太郎
湯う香 三藏庵 P.58

平湯巴士總站 P.57

平湯局

平湯農俗館

平湯神社

平湯溫泉

御食事處 いなかや P.58

飛驒北アルプス
自然文化中心

KKR平湯たから莊

平湯農家直販市場
ひらゆの森

觀光服務處

國道158號

上高地・澤渡

平湯IC

樸木平

高山市
TAKAYAMA-SHI

奥飛驒溫泉鄉平湯

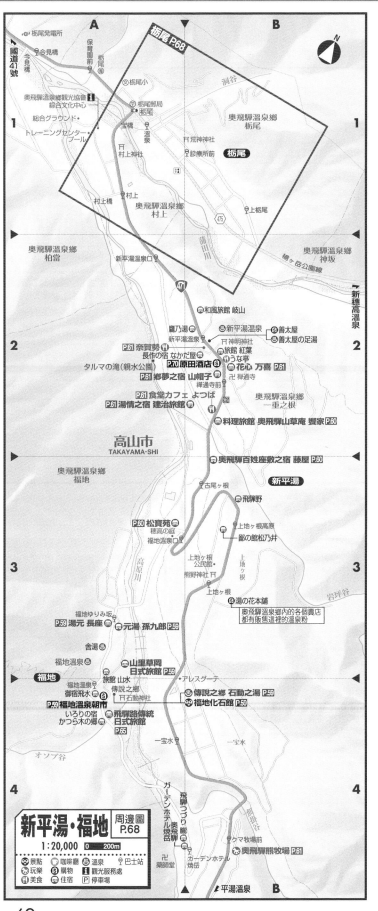

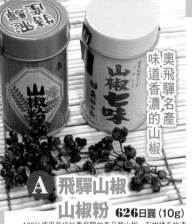

A 飛驒山椒
山椒粉 626日圓（10g）

奧飛驒名產味道香濃的山椒

100%使用栽培於奧飛驒的高品質山椒，有柑橘系的清爽香味而大受好評。山椒七味粉也很受歡迎。

以溫泉熱栽培而成的南國水果果醬

B 火龍果醬
1300日圓（160g）

將利用溫泉熱的溫室栽種的火龍果加工而成的果醬。甜度偏低，有紅、白、紫3種。

限定販售的水果原酒

D 吟釀原酒「神代上澄」
2160日圓（720㎖）

每年4月和10月販售的季節限定吟釀。水果的味道和香氣風味絕佳。建議可以冰過後再飲用。

活用特產的鄉土美食
奧飛驒溫泉鄉的 伴手禮

從奧飛驒名產飛驒山椒、傳統老店的特產酒等，到利用溫泉熱栽種的南國水果，有許多美味的伴手禮。

對於美味的火腿&培根的堅持 自製

E 胡椒火腿等
5400日圓~（一組）

提供食材講究、以嚴選國產肉為主的火腿。

在大片葉子上烤出 香味四溢的味噌

C 朴葉味噌 640日圓
（100g×3包裝、照片右）

奧飛驒地方的鄉土料理朴葉味噌。使用砂糖、味醂、山椒來調味，順口好吃。

在奧飛驒的清流中栽培的山葵

C 生山葵
500日圓（小包）、1000日圓（大包）

奧飛驒是山葵的產地。因為水質乾淨，可栽培出風味絕佳的美味山葵。

B 試吃、比較奧飛驒溫泉栽種的火龍果！

FRUSIC除了可以參觀溫室（200日圓）之外，還可以試吃火龍果。在收穫期間的7月中旬~12月中旬（需確認），可品嘗到6~7種珍貴的品種。試吃為2000日圓。品種有白、紅、粉紅，甚至還有珍貴的黃色品種。從滋味清爽、酸味重到呈現果凍狀偏甜的品種等，可以親身體驗火龍果的深奧。

↑種有各種色彩繽紛的火龍果
➡可試吃、比較火龍果的各種美味

這裡買得到！ SHOP LIST

E ハムこうぼうおくひだ 栃尾 ハム工房 奧飛驒	新平湯 D はらださけてん 原田酒店	栃尾 C みちのえきおくひだおんせんごうかみたから 公路休息站 奧飛驒溫泉鄉上宝	栃尾 B フルージック FRUSIC	栃尾 A ひださんしょう 飛驒山椒
販售不使用添加物的純手工火腿。胡椒火腿、培根、角煮和凍狀清湯等都相當受歡迎。	店內擺了很多奧飛驒的特產酒，也有不少深受當地人喜愛的銘酒。被稱為奧飛驒夢幻銘酒的「神代上澄」相當有人氣，也可試喝。	位於奧飛驒溫泉鄉，是販售當地名產的公路休息站。有朴葉味噌、飛驒山椒、溫泉粉等各種鄉土特色濃厚的伴手禮。	在利用溫泉熱的塑膠布溫室中，栽培了約30種珍貴的火龍果。火龍果霜淇淋400日圓也很受歡迎。	使用奧飛驒的嚴選山椒，風味絕佳，適合搭配各種料理。自古以來被當成進貢至將軍家的珍貴物品。
☎0578-89-3327 🕐8:00~17:00 休週四 所岐阜縣高山市奧飛驒溫泉鄉栃尾952 🚌栃尾溫泉巴士站步行8分 🅿5輛 MAP P.68 A-4	☎0578-89-2514 🕐8:00~20:00（夏季~21:00）休週二（夏季、10月無休） 所岐阜縣高山市奧飛驒溫泉鄉新平湯溫泉 🚌禪通寺前巴士站即到 🅿5輛 MAP P.69 B-2	☎0578-89-3746 🕐9:00~17:00（11~3月~16:30）休無休（11~3月週三休）所岐阜縣高山市奧飛驒溫泉鄉田頃家11-1 🚌栃尾溫泉巴士站步行20分 🅿70輛 MAP P.68 A-2	☎0574-25-7183（美濃加茂支店）🕐8:30~17:00〈LO16:00〉（夜間賞花20:00~21:30、400日圓，需預約）休週四 所岐阜縣高山市奧飛驒溫泉鄉栃尾952 🚌栃尾診療所前巴士站即到 🅿10輛 MAP P.68 A-4	☎0578-89-2412 🕐8:30~17:00 休週六、日 所岐阜縣高山市奧飛驒溫泉鄉村上35-1 🚌村上巴士站步行3分 🅿10輛 MAP P.68 A-4

70

CONTENTS
P.74 一之瀨園地路線
P.76 疊平・花田路線
P.78 乘鞍岳（劍峰）路線
P.80 乘鞍高原午餐
P.82 戶外活動體驗
P.84 乘鞍高原的旅宿

乘鞍

のりくら

延伸於海拔3026m的乘鞍岳山腳下的乘鞍高原，
是個可以盡情享受高原戶外休閒活動的地區。
搭乘接駁巴士來到位於海拔2702m的疊平，又是另外一片天地。
在此可享受高山植物散步和登山的樂趣。

⇨從富士見岳看到的疊平

一目瞭然的交通地圖

從高山（往乘鞍岳）
巴士：在JR高山站旁的濃飛巴士中心搭乘往新穗高的巴士，車程43分，在ほおのき平巴士站下車。轉搭接駁巴士45分，在乘鞍巴士總站下車。
開車：從高山IC走國道41、158號約28km。

從松本（往乘鞍高原）
電車：在松本站搭上高地線30分，在新島島站下車。轉搭往乘鞍高原或白骨溫泉的巴士，到觀光センター前巴士站約47分。
開車：從松本IC到乘鞍高原走國道158號、縣道84號約40km。

圖例
● 付費道路
● 國道・縣道・其他
● 接駁巴士・計程車
● 路線巴士
+++ 電車

往乘鞍岳（疊平）

→ 前往高山的方法 請參照P.96
→ 電車 巴士 高山站（高山濃飛巴士中心）前往高山的方法 請參照P.98

→ 開車 請參照P.96前往高山的方法 高山IC → 國道41、158號/約28km → ほおのき平（樸木平）轉乘停車場【限制私家車通行！詳細請看P.19】
● 45分/1270日圓（來回2300日圓） 接駁巴士 → 乘鞍岳（疊平）（乘鞍巴士總站）
● 計程車約7400日圓（乘鞍岳環境保全稅等600日圓另計）

濃飛巴士 到樸木平43分/1210日圓 → ほおのき平（樸木平）■1500輛/免費
● 到疊平1小時/1420日圓（來回2300日圓） 接駁巴士 轉乘 → 平湯溫泉（平湯巴士總站）
● 50分/1450日圓（來回2500日圓）接駁巴士 轉乘 → 乘鞍岳（疊平）
● 計程車約7200日圓（乘鞍岳環境保全稅等600日圓另計）

往乘鞍高原

→ 前往高山的方法 請參照P.96
→ 電車 巴士 高山站（高山濃飛巴士中心）前往高山的方法 請參照P.98

→ 開車 請參照P.96前往高山的方法 高山IC → 國道41、158號/約36km → 平湯溫泉 → 安房峠道路/約6km 通行費用普通車770日圓 → 中之湯 → 國道158號/約6km → 湯川渡 → 國道158號/約5km → 前川渡 → 縣道84號/約10km → 乘鞍高原（觀光センター前巴士站）轉乘停車場【限制私家車通行！詳細請看P.19、73】■800輛/免費

白骨溫泉 → 縣道300號/約4km → 乘鞍高原

濃飛巴士 ALPICO交通 → 平湯溫泉（平湯巴士總站）※特急停車10分鐘 ● 50分（特急）/1570日圓
● 27分/1440日圓 濃飛巴士 ALPICO交通

上高地乘鞍森林道路/約8km

ALPICO交通 ● 47分/1350日圓
● 16分/630日圓 → 親子滝 轉乘
※從高山方向過來時 要在親子滝轉搭巴士
→ 新島々 轉乘 → 松本電鐵上高地線 ● 30分/700日圓 → 松本站

→ 開車 請參照P.96前往松本的方法 松本IC → 國道158號/約30km → 乘鞍高原
→ 電車 巴士 松本站 前往松本的方法 請參照P.98

※刊載內容為2017年12月時的資訊。

乘鞍 是

這樣的地方

海拔1500m的乘鞍高原，以及乘鞍岳的登山基地——海拔2702m的疊平，這兩個地區是乘鞍的兩大景觀。透過戶外休閒活動和登山，與大自然進行親密接觸吧！

前往乘鞍的交通情報→**P 18～21・P 71**
乘鞍的地圖→**MAP P 86～88**

可感受大自然的人氣景點

一之瀨園地
いちのせえんち
→P 74

↑從一之瀨園地遙望乘鞍岳

園地內有環繞瀑布和水池的遊步道，新手也能輕鬆享受在大自然中散步的樂趣。在「Nature Plaza一之瀨」還可以烤肉。

☎ 0263-93-2147（乘鞍高原觀光服務處）　⏰4月下旬～10月下旬、自由入園　🏠松本市安曇乘鞍高原　🚌觀光中心前巴士站步行30分　🅿220輛
MAP P.88 C-4

乘鞍、遊山的前線基地
→P 82

乘鞍BASE
（舊Igaya Recreation Land）
のりくらベース

↑靜靜地＆悠閒地投身於大自然當中……

有探險園區、汽車露營區、自然高爾夫球場等，能遊玩的範圍無限大！

好玩報你知！

3大關鍵字

1 在清新空氣的籠罩下享受 健行樂趣

高原地區以一之瀨園地為中心，可以在小池附近逛逛、漫步白樺小路，在爽朗的高原上健行。設有散步道，輕鬆好走，可按照自己的步調慢慢前進。

2 挑戰登上令人嚮往的 3000m高峰！

搭乘接駁巴士車程約50分的疊平，是乘鞍岳登山的起點。從這裡往上爬300m左右，就是乘鞍岳的主峰劍峰，這裡可以眺望360度的大環景圖，景色壯觀迷人。雖然是座可以輕鬆爬上的山，但還是要做足準備。

3 品嘗高原的 美味蕎麥麵

高原的蕎麥麵會如此美味的原因在於早晚出現的濃霧和冰涼的空氣。來到水質清澈甘美的乘鞍高原，如果不吃吃蕎麥麵就太可惜了。這裡有使用水車研磨的十割蕎麥麵等讓廚師發揮精湛本領的蕎麥麵，一起來品嘗看看吧！

地圖

Mt.乘鞍滑雪度假村
乘鞍觀光中心
白骨
森上高地乘鞍林道路
番所大瀑布
大瀧入口
三本瀑布
善五郎瀑布
湯けむり館
乘鞍BASE
乘鞍高原
自行車道
奈川 ↗
牛留池
休暇村乘鞍高原
一之瀨園地
上高地乘鞍森林道路

←從乘鞍岳（劍峰）山頂可環視各大名山

↑從富士岳看到的壯觀乘鞍岳

3條瀑布匯流的日本瀑布百選

三本瀑布
さんぼんだき

三本瀑布為無名澤、本澤、黑澤這3條瀑布的總稱。在遊步道途中有吊橋，可以走到一覽瀑布的場所。

☎ 0263-93-2147（乘鞍高原觀光服務處）　⏰自由參觀(11月上旬～5月中旬不開放)　🏠松本市安曇乘鞍高原　🚌三本瀧巴士站步行25分　🅿50輛
MAP P.87 D-4

↑左上水量較少的瀑布為無名澤，中間豪邁的瀑布為本澤，右邊順著黑色岩床傾瀉滑落的瀑布為黑澤

限制私家車通行，要注意！
前往乘鞍岳的交通情報

前往疊平的山岳道路、乘鞍高原的乘鞍Echoline，以及通往高山方向的乘鞍Skyline由於限制私家車通行的關係，觀光客必須轉搭接駁巴士或計程車。

從松本方向往疊平

轉搭乘鞍高原觀光中心前出發的接駁巴士。雖然自行開車可以抵達休暇村、三本瀑布，但如果希望能夠確實搭上車，建議在乘鞍觀光中心上車為宜。接駁巴士到疊平約50分，來回2500日圓。運行期間為7～10月。

↑往疊平的巴士從設在乘鞍觀光中心停車場的棚子出發

從高山方向往疊平

自行開車時，可在樸木平停車場（1500輛）轉搭乘鞍線接駁巴士前往疊平，到疊平約45分，來回2300日圓。使用路線巴士移動的人，建議從平湯溫泉（平湯巴士總站）上車。運行期間為5月15日～10月下旬。

以接駁巴士 ⬇ 計程車移動

📍 **乘鞍巴士總站**

疊平的巴士站為乘鞍巴士總站。以停車場為中心，另外還有神社、餐廳、賣店、郵局和旅宿。**詳細請看 ➡ P76**

詳細請看 ➡ P76

進階玩法
來看雪景＆日出
乘鞍岳的季節限定巴士

乘鞍高原和疊平的接駁巴士運行期間雖為7～10月，但另外會有春季限定的特別巴士運行。5月下旬～6月下旬會運行到9合目大雪溪、肩之小屋口，可參觀到高達5～6m的壯觀雪壁。從奧飛驒方向過來時，運行期間的5月15日～6月上旬可看到雪壁。另外，7～9月的早晨也有「乘鞍岳御來光巴士」運行。
詳細請看 ➡ P78

↑整面雪壁令人震撼　　↑朝拜美麗的日出

乘鞍岳春山巴士 ※2017年12月時的資訊

🕐4月28日（預定）～6月30日、乘鞍高原觀光中心前8:30、9:30、10:30、11:50、14:20發車　💰來回2500日圓

洽詢處
📞0263-92-2511（ALPICO交通 新島島營業所）
📞0577-32-1160（濃飛巴士高山營業所）

乘鞍的觀光起點為
乘鞍觀光中心

乘鞍高原的交通起點——乘鞍觀光中心是搭乘前往上高地、新島島、白骨溫泉的路線巴士；前往疊平的接駁巴士；以及乘鞍周遊接駁巴士的出發和抵達處。觀光中心裡除了有巴士的售票處、寬敞的免費停車場之外，還有可以嘗到蕎麥麵的餐廳、賣店、廁所、乘鞍觀光服務處等設施，不妨進去看看。

📞0263-93-2147（乘鞍高原觀光服務處）
🕐9:00～17:00　休無休　🏠松本市安曇4306-5
🅿280輛　　**MAP P.88 B-3**

↓寬敞的乘鞍觀光中心。裡面有觀光服務處，可以在此獲得相關資訊

↓從觀光中心看到的乘鞍岳

乘鞍高原內的移動可利用周遊接駁巴士

以8～10月的週末為中心，曾有周遊高原內部的接駁巴士「ノリノリ號」運行。路線從觀光中心開始，會環繞休暇村、三本瀑布、一之瀨園地、乘鞍BASE等景點，對觀光客相當方便。1日自由乘車券500日圓。只是有限定運行日，需特別留意。
詳細請看 ➡ P102

乘鞍地區的洽詢處

● 乘鞍高原觀光服務處	📞0263-93-2147
● 阿爾卑斯觀光協會	📞0263-94-2221
● 松本市山岳觀光課	📞0263-94-2307
● 飛驒乘鞍觀光協會	📞0577-78-2345
● 乘鞍高原的觀光資訊	HP norikura.gr.jp

高山植物盛開，海拔2700m的花田
疊平（たたみだいら）➡ P76

↑一整面百花盛開的花田

除了伏毛銀蓮花等高山植物自生的花田外，還有很多約30分鐘就能爬到山頂的山，非常適合健行。只是別忘了這裡仍是海拔2700m級的山岳地帶喔！

乘鞍Skyline

疊平・花田 ★ 乘鞍巴士總站　🅿

大黑岳

富士見岳

摩利支天岳

朝日岳

乘鞍Echoline

★ 乘鞍岳（劍峰）

從海拔2702m爬上3000m級的名山
乘鞍岳（のりくらだけ）➡ P78

乘鞍岳（劍峰）雖然是3026m的高峰，但算是登山新手較容易登頂的山，因此相當有人氣。只是仍然需要具備登山的知識和裝備。

乘鞍健行路線導覽

漫步在高原，登上3000m級高山的3條路線

徹底解說登上水池遍布的乘鞍高原、疊平的花田、名峰乘鞍岳這3條路線。感受一下從海拔1500m到海拔3026m的高度差異吧！

可在優美的水邊巡遊高原一周的路線

★☆☆ 初級路線 1

巡遊豪邁的善五郎瀑布和「顛倒乘鞍」之池

一之瀨園地路線
いちのせえんち

可欣賞一之瀨園地的草原風景、水池和瀑布等水邊景色的路線。
在水芭蕉或蓮華躑躅盛開的季節裡，乘鞍高原的四季植物也是一大看點。

Start
●ネイチャープラザいちのせ
Nature Plaza一之瀨

位於一之瀨園地散步起點的休息區。有提供餐廳、賣店、自行車出租、烤肉等可讓人在大自然中玩樂的服務。

☎0263-93-2926 ▣4月下旬～10月下旬，9:00～16:00 休開放期間無休 ▣入園免費、蒙古烤肉組1650日圓（戶外場地費用1000日圓另計）、鐵板類租借、木柴組合2500日圓 ▣松本市安曇4307-1 ▣観光センター前巴士站步行30分 ▣80輛

MAP P.88 B-3

步行15分

步行即到

扭曲畫圓的奇妙松木
●ねじねじのき
2 扭曲的樹幹

樹幹長到一半突然扭曲畫了個圓再繼續向上生長、形狀奇妙的松木。可觀察到大自然的美麗造景。

◀雖然不能碰觸，但可以靠近觀看

步行50分

湖面映照著白樺林的靜謐之池
●あざみいけ
1 あざみ池

因映照白樺樹林的美麗湖面而聞名的水池。周邊設置許多長椅，可悠閒地感受大自然。

◀在遷徙的季節會出現綠頭鴨和花嘴鴨

Point
一之瀨園地代表性的花

水芭蕉
4月下旬～5月中旬

告知乘鞍高原春天來訪的花。在牛留池和どじょう池等溼地，會到處綻放白色的花。

蓮華躑躅
6月中旬～下旬

會將一之瀨園地的草原和乘鞍高原一帶染成一片紅色。乘鞍岳、綠色樹林加上紅花，呈現出一幅如畫般的風景。

路線重點

從4月下旬的水芭蕉到7～8月的山野草，很建議在這段百花盛開的時期前來。

雖然是平坦好走的道路，但靠近善五郎瀑布的地方會有一段陡峭的斜坡，需特別注意。

放晴時，乘鞍岳會倒映在牛留池的池面上，可拍到「顛倒乘鞍」。

以一之瀨園地內的休息區Nature Plaza一之瀨為起點，沿著溪流前進抵達白樺樹林環繞的①あざみ池。穿過林道，越過平緩的斜坡、會看見②扭曲的樹幹。不遠的前方就是展望台，由此可眺望③牛留池。再度回到山路，往右邊的分叉路前進，不久後左手邊就會出現④善五郎瀑布。在豪邁傾瀉的水流當中，走在顛簸起伏的路上、渡過瀧見橋，就能抵達通往終點的⑤白樺小徑。

路線DATA
步行時間	約2小時30分
步行距離	約5.5km
體力	★★★
技術	★★★
廁所	2處

MAP P.88 C-4

Goal
5 白樺小徑
Nature Plaza一之瀨
步行即到

4 善五郎瀑布
步行1小時

3 牛留池
步行25分

2 扭曲的樹幹
步行即到

1 あざみ池
步行50分

Start
Nature Plaza一之瀨
步行15分

到此為止的交通情報在〈乘鞍高原〉
P.71

洽詢處
乘鞍高原觀光服務處 ☎0263-93-2147
阿爾卑斯觀光協會 ☎0263-94-2221
飛驒乘鞍觀光協會 ☎0577-78-2345

↑傳說中，釣客「善五郎」為了釣岩魚而被拖入瀑布水潭中，因此而得名。從停車場到展望甲板約20分

↓瀧見台上的景觀

步行25分

水花四濺，傾瀉而下的傳說瀑布

4 ●ぜんごろうのたき
善五郎瀑布

落差21.5m、寬度8m的壯觀瀑布，是乘鞍三大名瀑之一。天氣放晴時，可從瀧見台眺望瀑布背後的乘鞍岳，堪稱絕佳觀景點。

Point
可從2處欣賞瀑布

從停車場步行15分會抵達瀧見台，從上面可一覽乘鞍岳和善五郎瀑布。由此處往下在遊步道上步行5分，就會抵達位於瀑布正下方的展望甲板。

步行1小時

→穿過這條小徑，就可以回到起點Nature Plaza一之瀨

令人想要悠閒漫步的小徑

5 ●しらかばのこみち
白樺小徑

道路兩旁茂密生長的白樺，樹幹的白和樹林的綠呈現美麗的對比。雖然一之瀨園地各處都有白樺，但這裡的特別優美。

步行即到

●ネイチャープラザいちのせ
Goal
Nature Plaza一之瀨

一定要來看「顛倒乘鞍」！乘鞍岳的絕佳景點

3 ●うしどめいけ
牛留池

這是乘鞍岳火山爆發造成的窪地所形成的水池。越過水池眺望的乘鞍岳優美壯觀，天氣放晴時，還可看到乘鞍岳映照在水面上的「顛倒乘鞍」。

5月下旬～6月下旬，名為睡菜的水草會開花

最推薦的賞楓景點！

Point
這棵樹是紅葉季節的關注焦點！

位於一之瀨園地的南側、どじょう池的附近，有一棵俗稱「大楓」的楓樹佇立於此。每年在紅葉的季節都會染上一層深紅，吸引許多觀光客。

→乘鞍高原的賞楓期是在10中旬

2 扭曲的樹幹

4 善五郎瀑布

上高地乘鞍森林道路

5 白樺小徑

休暇村乘鞍高原

P WC
25分
1小時
小大野川
口笛之徑
瀧見橋
5分

Nature Plaza一之瀨
WC
Start & Goal

短程路線
Start & Goal

15分
10分

3 牛留池

1 あざみ池

どじょう池 **3**

2 まいめの池
1 偲ぶの池

★

短程路線 40分

在3座水池旁悠閒散步

迷你健行路線

從Nature Plaza一之瀨南側為起點，以探訪遍布於此的3個小水池為主的短程路線，可一邊健行，一邊感受早晨高原爽朗的空氣。

←在開花的季節，會有花朵覆蓋在大半的水面上

3 どじょう池 どじょういけ

回到車道，大約南下10分左右，右手邊會出現一個看板。這一帶有水芭蕉的群生地，5月時會有美麗的白花盛開。

←水底很淺，各處都可看到

2 まいめの池 まいめのいけ

位於偲ぶの池後方，面積較大的水池。周圍的樹木、蔚藍的天空和乘鞍岳的倒影相當優美，令人流連忘返。

←望向水面，可看到乘鞍岳的倒影

1 偲ぶの池 しのぶのいけ

從一之瀨園地，座望庵停車場即到。位於草地深處有一座宛如濕原般的水池。也是觀賞紅葉的知名景點。

中級路線 2

搭乘接駁巴士前往海拔2700m的花田
疊平‧花田路線
たたみだいら　おはなばたけ

搭乘接駁巴士前往山岳道路的日本最高點——疊平。在這裡可以悠閒漫步在高山植物盛開的花田裡，並可從短時間就能爬上的富士見岳欣賞絕佳美景。

槍岳(3180m)

↑右邊綠色的山為大黑岳

Start
のりくら
バスターミナル
乘鞍巴士總站

可在此獲得疊平和乘鞍岳的登山資訊

這座宛如北阿爾卑斯山脈般的紅色三角屋頂建築物是巴士總站。1樓有售票處、乘鞍綜合服務處、賣店、輕食區，2樓有自助式展望餐廳，可眺望花田和富士見岳，也有付費的沖洗式馬桶。

☎090-3483-3192(手機)
⏰5月15日～10月下旬，8:00～16:30(7～9月4:00～)
開放期間無休（禁止通行時會臨時休業）岐阜縣高山市丹生川町岩井谷乘鞍疊平
從高山方向前往需在樸木平轉搭接駁巴士，車程45分／從松本方向前往需在乘鞍高原(乘鞍高原觀光中心)轉搭接駁巴士，車程50分

MAP P.87 C-4

①つるがいけ 鶴池

疊平的優美水池，越過水池也可看到槍岳！

在宛如淺盤般的窪地中蓄滿了水，可說是疊平的地標，位於從停車場前往大黑岳和富士見岳的遊步道途中。天氣放晴時可看到水池對面的槍岳。

步行5分

接駁巴士資訊請Check P.101！

注意
限制私家車通行！

前往疊平的乘鞍Skyline和乘鞍Echoline，由於限制私家車通行之故，需轉搭接駁巴士。長野縣側可將車停在乘鞍高原的乘鞍觀光中心等的停車場，岐阜縣側可將車停在樸木平停車場，再轉搭巴士。接駁巴士的運行時間，長野縣側從7月1日開始，岐阜縣側從5月15日開始，均運行至10月31日為止。

步行20分

單程約30分就能攻頂！
感受絕美的山岳風景

②ふじみだけ 富士見岳

可眺望疊平的花田和鶴池，天氣好時，可一覽位於北側的北阿爾卑斯山群山，西側則可眺望雪溪殘留的不消池。此處海拔雖高，但登山道路短，是單程約30分鐘就能抵達山頂的輕鬆登山路線。登山道路上有許多石頭，走路時需小心。

步行5分

↑從富士見岳眺望疊平。乘鞍巴士總站的後方即為花田

↑富士見岳山頂。對面可看到乘鞍岳的最高峰劍峰

↑從富士見岳山頂看過去的穗高連峰。可觀賞山岳風景的大環景圖

巡遊絕景之山和花田的豪華路線

海拔2702m的疊平，是搭乘接駁巴士可抵達的日本最高處。從停車場前往遊步道，以疊平的地標①鶴池為目標。爬上②富士見岳後，可欣賞大環景圖；之後從反方向下山，眺望深藍色的美麗不消池，前往③花田。可一邊賞花一邊悠閒地走在繞一圈40分的木棧道上，最後再爬上階梯，回到乘鞍巴士總站。

路線重點
起點為搭乘接駁巴士可抵達的日本最高點——2702m的疊平。高山植物的寶庫的乘鞍疊平，花田是最大的看點。7～8月是最佳賞花季節。以富士見岳山頂為目標的絕景路線。因為是高地，登山時需注意服裝和體力。

Goal **③** **②** **①** **Start**

乘鞍巴士總站 ← 繞一圈40分 花田 ← 步行20分 ← 登山單程30分 富士見岳 ← 步行5分(富士見岳口) 鶴池 ← 步行5分 乘鞍巴士總站 到此為止的交通情報在

P.71

路線DATA

步行時間	約2小時15分
步行距離	約3.5km
體力	★★★
技術	★★★
廁所	3處

MAP P.87 C-4

↑↓高山龍膽(右)和兔菊(下)等高山植物盛開

盛開於疊平的高山植物

疊平是高山植物的寶庫，尤其是花田中的數量特別多，7月中旬～8月上旬會有許多可愛的小花為疊平點綴出一整片色彩。除了下列花卉之外，還有巖鏡、四葉鹽釜、小梅蕙草等花朵盛開。

伏毛銀蓮花·黑百合

7月中旬～8月上旬

伏毛銀蓮花是夏天的花畑代表性的白花。群生的黑百合也不可錯過

花毛莨

7月下旬～8月上旬

將花畑染成一片黃的小花。毛莨科，莖高10～40cm，比其他植物稍高一點

駒草

7月中旬～8月中旬

被譽為高山植物女王的花。大黑岳、富士見岳、魔王岳登山口等處較多見

可在乘鞍巴士總站買到

疊平的伴手禮

乘鞍巴士總站併設的賣店有販售登山用品、點心、使用當地特產製成的商品、紀念品等。

乘鞍巴士總站 → P.76

乘鞍越冬酒 大吟釀「白雲」 2500日圓

在疊平的旅宿「乘鞍白雲莊」度過氣溫-20℃寒冬的限定日本酒。

飛驒蘋果醬 500日圓

無任何添加物，只使用了檸檬果汁和飛驒蘋果的果醬。

Yamasanka Pins 440日圓

畫有乘鞍岳圖案的別針，最適合登山少女。

↑夏天會有群生的高山植物百花盛開的花田

正值伏毛銀蓮花和花毛莨的賞花期！

在雲上樂園欣賞小巧可愛的高山植物

③ 花田 ●おはなばたけ

從巴士總站往下走5分鐘左右，有個繞一圈約40分鐘的木棧道。這裡是高山植物的寶庫，從7月中旬到8月下旬，可看到一整片伏毛銀蓮花等高山植物開花。光是漫步在木棧道上，就能享受高山大自然的樂趣。

Goal
●のりくらバスターミナル
乘鞍巴士總站

步行5分

Point

位於巴士總站旁的山
魔王岳 ●まおうだけ

距離乘鞍巴士總站最近，單程約15分鐘，是爬起來最輕鬆的山。登上停車場北側的階梯，就會來到魔王岳的登山口。沿路有完善的階梯直達山頂，輕鬆好爬。從山頂可眺望乘鞍Skyline對面的穗高連峰。

→從乘鞍巴士總站就能往上爬

Point

欣賞日出景點的山
大黑岳 ●だいこくだけ

可一覽北、中央、南阿爾卑斯，被稱為乘鞍岳展望台的山。抵達後即可到達的欣賞日出景點相當受歡迎。2015年從山頂到桔梗原設置了完善的登山步道，並增設「大黑岳登山口」巴士站、擴大路線。登山步道的兩側長滿了大群駒草，美不勝收。

↑從山頂可以看到燒岳和穗高連峰

① 鶴池

魔王岳
海拔2763m

乘鞍Skyline

→往平湯

大黑岳
海拔2772m

Start & Goal
乘鞍巴士總站

石階

遊步道以外禁止進入

乘鞍疊平

岔路(縣境)
(3處)

乘鞍Echoline

② 富士見岳
海拔2817m

③ 花田

— 健行路線
— 散步道
— 車道
······ 木棧道

碎石步道

不消池
(疊平的飲用水源湖)

往乘鞍岳最高峰的劍峰

往乘鞍高原

爬山前先祈求登山平安
●のりくらほんぐうちゅうぐう
乘鞍本宮 中宮

以信仰之山聞名的乘鞍岳。乘鞍本宮的中宮位於乘鞍巴士總站旁，登山前可前往參拜。

←1樓有擺放護身符

↑一整年年雪都不會融化的美麗不消池

乘鞍

乘鞍岳（劍峰）路線

のりくらだけ（けんがみね）

上級路線 3

挑戰從2702m處爬上3026m的山頂！

日本百大名山之一，海拔3026m的乘鞍岳。登山起點為2702m處，因此算是較為好爬的山，但還是要準備充足的裝備再行挑戰。

Start

●のりくらバスターミナル
乘鞍巴士總站

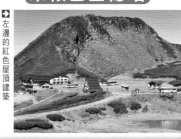

→左邊的紅色屋頂建築為乘鞍巴士總站

步行35分

步行30分

→這裡經常被誤以為是乘鞍岳山頂。前方是相當陡峭的岩石斜坡

正式登山前，先在山中小屋休息片刻

1 ●かたのこや
肩之小屋

從這裡到劍峰約1小時20分，可先在此稍做休息後再開始爬。這裡有餐廳、賣店，也可住宿。可在此住宿1晚，隔天早上再到山頂看日出。

到肩之小屋為止，都是輕鬆好走的道路

↑接下來會有陡峭的登山路，不妨先在這裡休息片刻

在乘鞍岳山頂前的山峰小休片刻

2 ●こだまだけ
蚕玉岳

位於抵達劍峰還有30分鐘處的山頂。爬到這裡就可以實際感受到乘鞍岳的火山臼（因火山形成的巨大窪地）地形，底下的水池是權現池。

步行50分

注意

爬山時要注意身體狀況喔

別忘了這裡是**3000m級的高山！**

由於海拔較高，氧氣較稀薄，有引發高山症的危險。一旦感到頭痛、想吐，就要立刻下山，最好避免在睡眠不足或身體不適的狀態下登山。畢竟是3000m級的高山，鞋子和服裝等裝備都要準備齊全。

Point

乘鞍高原發車，平湯溫泉發車
乘鞍岳御來光巴士

御來光巴士會在乘鞍山麓還未天亮時就出發，抵達疊平時剛好迎接天亮。日出時刻7月約在凌晨4時50分，8月為凌晨5時，9月約在凌晨5時20分左右。

乘鞍高原發車 乘鞍岳御來光巴士	7月15日～23日	7月24日～8月31日	9月1日～18日
觀光中心前	3:30	3:40	4:10
乘鞍山頂（疊平）	4:20	4:30	5:00

洽詢處　AIPICO交通 新島島營業所
☎0263-92-2511

平湯溫泉發車 乘鞍岳御來光巴士	7月15日～23日	7月24日～8月31日	9月1日～18日
平湯溫泉	3:20	3:30	4:00
樸木平停車場	3:35	3:45	4:15
乘鞍山頂（疊平）	4:20	4:30	5:00

洽詢處　濃飛巴士高山營業所
☎0577-32-1160

※上述為2017年度的時間，2019年還未定。運行日、時刻等資訊請向上述洽詢處洽詢。

←從疊平看到的日出。另外也推薦從富士見岳和大黑岳欣賞日出

路線重點

從2702m的疊平到3026m的乘鞍岳山頂（劍峰），可在短時間內抵達。

從日本百大名山之一的乘鞍岳山頂（劍峰），可看到各大名山的大環景圖。

雖然算是輕鬆的路程，但畢竟是海拔3000m的高山，爬山時需放慢腳步，小心高山症。

從位於海拔2702m的乘鞍巴士總站開始，大約35分就可以抵達❶肩之小屋，但為了讓身體習慣這個高度，建議放慢步調。真正的登山路程由此開始，最好在這裡先好好休息再出發。下一個目標是❷蚕玉岳。左邊可眺望乘鞍大雪溪，有點難走的登山道大約要爬坡50分左右。由此再往上爬約30分鐘，就會抵達最高峰❸乘鞍岳山頂（劍峰）。到了山頂可到乘鞍本宮參拜，祈求下山平安後，再踏上歸途。

360度的大絕景！在名山展開登山健行

不可錯過從山頂俯瞰的絕景！

路線DATA
步行時間	約3小時
步行距離	約6km
體力	★★★
技術	★★★
廁所	4處

MAP P.87 C-4

←於疊平盛開的駒草

Goal ← 乘鞍巴士總站 ← 步行1小時5分 **3** 乘鞍岳山頂（劍峰） ← 步行30分 **2** 蚕玉岳 ← 步行50分 **1** 肩之小屋 ← 步行35分 乘鞍巴士總站 **Start**

到此為止的交通情報在 P.71

南阿爾卑斯　中央阿爾卑斯

間岳3189m（第4）

↑從東南側可看到南阿爾卑斯和中央阿爾卑斯

南·中央阿爾卑斯　東南

燒岳2455m　槍岳3180m(第5)
笠岳2897m　奧穗高岳3190m(第3)　前穗高岳3091m　霞澤岳2645m
上高地

北

北阿爾卑斯方向

欣賞名山連綿的大環景圖

↑在上高地看不見的槍岳也可從這裡看到

這一帶可以從山頂看到富士山

能看到就很幸運的 名山

富士山

從乘鞍山頂望去，由於富士山和南阿爾卑斯重疊了，因此只能看到部分山頂。

★富士山3776m(第1)　北岳3193m(第2)
仙丈岳3033m
經岳2296m

除了山頂之外，從富士見岳也可以看得到
仔細看看權現池的方向

白山

跨越岐阜縣和石川縣的白山為日本百大名山之一。請往權現池的方向仔細看看。

白山2702m

八岳方向
鉢盛山2446m

東側可以隱約看到八岳

東

八岳方向

●のりくらたけさんちょう（けんがみね）

③ 乘鞍岳山頂（劍峰）

乘鞍岳的主峰。是日本百大名山之一，海拔3026m，為日本第19高的山。從海拔第1高的富士山（只看得到一點）到第5高的槍岳，前五大高山都能盡收眼底。

南

步行1小時5分

●のりくらバスターミナル
Goal
乘鞍巴士總站

從上方俯瞰巴士總站

可從遠方俯視登山據點巴士總站。雖然是輕鬆好爬的地方，但從這裡更能親身感受它的高度

Start & Goal
乘鞍巴士總站

鶴池

（3處）WC
疊平2702m

花田

登山路線

富士見岳

從肩之小屋眺望乘鞍山頂

從這裡到劍峰海拔約差250m。由於空氣很稀薄，為了預防呼吸困難，以極為緩慢的速度行走反而會比較快抵達。

View

View

山上的圓形建築物是什麼？

在摩利支天岳有觀察太陽日冕的國立天文台設施「乘鞍日冕觀測所」。2010年停止運行，翌年改為自然科學研究機構乘鞍觀測所後才重新運作。

1 肩之小屋
摩利支天岳
WC
2770m

不消池

View
乘鞍大雪溪
●のりくらだいせっけい

夏天也可以滑雪！

從肩之小屋垂直而下的廣大雪溪。到每年的8月中旬都可以滑雪。

乘鞍大雪溪

View
權現池
●ごんげんいけ

日本少數位於高地的火山湖，深藍色的湖面令人印象深刻。據說就是因為權現池所在的火山口爆發的關係，才形成了劍峰等外輪山。

神祕的藍色水池

朝日岳

2 蠶玉岳
乘鞍岳

權現池

乘鞍本宮

3 乘鞍岳山頂（劍峰）

山頂！3026m

在山頂祈求平安
乘鞍本宮
●のりくらほんぐう

位於劍峰的乘鞍本宮，祭祀天照皇大神。疊平有華麗的中宮，也可以在那裡參拜一下。

乘
鞍

乘鞍高原午餐

玩樂之後的美食享受！

在體驗過高原健行和登山、戶外活動之後，前往享用期待已久的午餐。
乘鞍到處都有使用了高原食材、分量滿點的洋食餐廳和美味的蕎麥麵店。

➡️大量使用了落葉松木材、充滿開放感的店內

Primavera
プリマベーラ

溫泉設施「湯けむり館」（P.85）併設的咖啡廳餐廳。石窯燒烤的拿坡里風Q彈披薩和生義大利麵的正宗口味都大受好評。越橘霜淇淋360日圓也很受歡迎。

📞0263-93-2589（湯けむり館）
🕐11:00～20:00（LO19:00）　🈺第3週二（4月上旬、11月下旬～12月上旬有長期休業）
📍松本市安曇4306-6 湯けむり館内
🚏観光センター前巴士站即到　🅿70輛
🗺️ MAP P.88 B-3

石窯披薩大受好評！位於高原的義式美味

推薦菜單
瑪格麗特披薩
1200日圓
自製蕃茄醬汁配上莫札瑞拉起司、斯卡彭起司、起司粉等3種起司的人氣披薩。

推薦菜單
信州蕈菇雞肉白醬口味
1180日圓
使用3種蕈菇和鮮奶油的濃郁醬汁製成的生義大利扁麵，可品嘗到Q彈的口感。

洋食午餐

經典菜色也能品嘗到發揮老闆個性和信州食材的獨特風味。

maple

木屋外觀引人注目的咖啡廳。不管是最受歡迎的炸雞塊定食，還是從餅皮開始製作，加入了乘鞍產山李子的披薩1000日圓等，都是老闆親手製作的美味洋食。

📞0263-93-2376
🕐11:00～14:00〈LO13:30〉、17:00～21:00〈LO20:30〉
🈺不定休　📍松本市安曇鈴蘭4270-5　🚏鈴蘭巴士站即到　🅿10輛
🗺️ MAP P.88 B-3

⬆️手造木屋的建築物也別有一番風味

推薦菜單
炸雞塊定食
900日圓
雞胸肉去皮、切法講究的炸雞塊備受好評。大尺寸的雞塊儘管只有4塊，也很令人滿足。

健康營養又鮮嫩多汁！大尺寸的炸雞塊

松本的鄉土料理「馬肉」的排餐

推薦菜單
櫻花肉排定食
1600日圓
「櫻花肉」指的是馬肉。馬肉的油脂少，吃起來口味清爽。

ふきのとう

擁有大條梁柱的挑高天花板和可觀望窗外優美群山的洋食餐廳。除了以馬肉排為主的櫻花肉排定食之外，還有起司鍋等各種輕食。

📞0263-93-2523
🕐9:00～21:30〈LO21:00〉
🈺週二、8月無休
📍松本市安曇4085-192
🚏楢の木坂巴士站步行3分
🅿7輛
🗺️ MAP P.88 A-2

在屋齡200年以上的合掌造古民宅中品嘗美味

推薦菜單

投汁蕎麥麵
1600日圓

在充滿火鍋料的鍋中「投進」蕎麥麵的鄉土料理。將蕎麥麵丟進投汁籠裡煮過後,再放入木碗裡食用。2人以上起餐。

充滿木頭溫暖的寧靜店內

Alum

乘鞍觀光中心步行1分的餐廳。除了人氣的義大利麵之外,使用自製餅皮的手工披薩中也加入了許多當季蔬菜。手打蕎麥麵1080日圓也很推薦。

☎ 0263-93-2951
🕐 11:00～14:00〈LO〉（傍晚起為預約制） 🈺 週二、三
🏠 松本市安曇4306-1
🚌 観光センター前巴士站即到
🅿 15輛

MAP P.88 A-3

推薦菜單

Alum風義大利麵
950日圓

大量使用培根、鱈魚子和季節時蔬的人氣菜單。

使用當季食材的手工美味

❀ そばどころがっしょう
そば処 合掌

嚴選的石磨長野產蕎麥麵粉,加上乘鞍山麓湧泉製作而成的正宗乘鞍蕎麥麵。名產投汁蕎麥麵和使用有機栽培的蔬菜、隨季節更換菜色的天婦羅竹籠蕎麥麵1500日圓都非常推薦。

➡ 最後再加上飯和蛋（菜粥用250日圓）來收尾

☎ 0263-93-2612
🕐 11:00～售完打烊 🈺 週二、第2週三（冬期不定休）
🏠 松本市安曇4025-2
🚌 千石平巴士站步行即到 🅿 15輛
MAP P.88 A-2

民宅 ⬅ 從新潟移建的合掌造古民宅

蕎麥麵午餐

乘鞍高原在以蕎麥麵聞名的信州當中也被譽為名產地,可在此品嘗美味的手打蕎麥麵。

乘鞍的蕎麥麵為什麼這麼好吃?

海拔1500m的乘鞍高原日夜溫差大,容易出現晨霧。這種霧可讓蕎麥在收穫時期避免遭受冷害,也因此出現了「霧下蕎麥麵」一詞,用來指稱美味的蕎麥麵。此外,高原中湧出的泉水甘美豐沛,也是造就蕎麥麵美味的關鍵之一。

❀ そばどころなかのや
そば処中之屋

這是番所地區長期栽種蕎麥的農家所經營的蕎麥麵店。使用代代相傳的水車研磨出的蕎麥麵香味可口,完全沒有使用其他高筋麵粉的十割蕎麥麵,吃起來相當順口。

☎ 0263-93-2152
🕐 11:00～15:30（LO、售完打烊）、冬期～17:00（售完打烊）
🈺 月1次週四（逢假日則營業）
🏠 松本市安曇番所3961-1
🚌 番所巴士站即到 🅿 20輛

MAP P.88 A-1

蕎麥農家用水車研磨的十割蕎麥麵

推薦菜單

蕎麥麵定食松
2000日圓

冷蕎麥麵和山藥蕎麥麵加上笹烤山女魚的豪華定食。

乘鞍

高空溜索

大人1000日圓 小孩600日圓
（含稅、含保險、有身高體重限制）預約制

從8m的高空使用鋼索一口氣越過水池，充滿驚險刺激的活動設施。只要符合體型限制，就連小朋友也能挑戰。

冒險園區

可以在落葉松樹上玩樂的探險活動！有16種位於地上10公尺處的挑戰在等著你。用全身感受乘鞍的大自然吧！

➡安全方面相當完善，可以放心遊玩

大人3600日圓 小學生以下2600日圓
（含稅、含保險、有身高體重限制）預約制

穿過落葉松森林吧！

距離地面10m！簡直就是空中漫步！

路線就在森林中！

松森林

➡勇闖落葉！

活動 1 人氣休閒設施！2018年重新開張！
乘鞍BASE （舊Igaya Recreation Land）
のりくらベース

乘鞍山上的玩樂大本營，提供各式各樣的戶外活動！有探險園區、營火台汽車露營區、木槌高爾夫等，可以在美麗的森林當中遊玩一整天，獲得許多感動體驗。

☎0263-94-2307（松山市公所山岳觀光課）🕐5月～10月下旬，9:00～17:00（露營除外）🏠週二公休（繁忙期除外）📍松本市安曇3994-21 ¥免費入場 🚌楢ノ木巴士站步行10分 P120輛
MAP P.88 B-2

這裡也要 Check! 在可進行各種戶外活動的乘鞍BASE度過充實的1天。

汽車露營區

在營火的環繞下，以仔細品味乘鞍時光為宗旨的露營區。在廣大的白樺樹林當中，僅提供23帳，可以盡情享受不受任何人打擾的奢華時光。

⬆放晴時也可以在池畔露營

豪華營火組 1帳6500日圓（預約制）

木槌高爾夫

這是使用木槌和球，類似高爾夫的一種日本發明的運動。綠意盎然的路線全長共有2.7km，27洞。🕐報名9:00～15:00

大人800日圓 小學生以下400日圓

⬆在高原一邊散步，一邊玩樂

感受大自然，暢快無比
乘鞍高原的戶外活動體驗

可感受一年四季大自然之美的乘鞍高原，也是可體驗各種戶外活動的地區。
不管是驚險刺激的空中漫遊，或是感受冒險家氣息的水中活動，都歡迎來挑戰看看。

⬇有導遊跟隨，小朋友也能安心探險

挑戰跳入溪流！

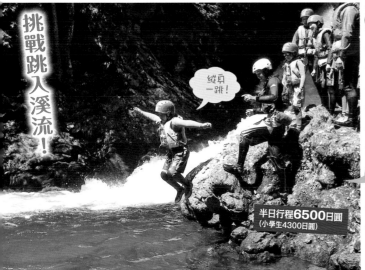

縱身一跳！

活動 2 在導遊的帶領下，感受乘鞍的大自然
LittlePeaks

從溯溪到雪鞋健行都有專業導遊帶領的各式行程大受好評。也有很多小學生就能參加的行程，可以闔家一同玩樂。

☎0263-93-1243 🕐8:00～17:00（上午行程9:00～12:00、下午行程13:00～16:00）🏠無休 📍松本市安曇鈴蘭4264 マウント乘鞍山滑雪場內 喫茶Down Hill（夏季事務所）¥乘鞍·上高地的登山健行半日遊4300日圓～（需洽詢）🚌スキー場前巴士站步行5分 P10輛
MAP P.88 B-4

半日行程6500日圓（小學生4300日圓）

溯溪

在炎熱的夏天，最消暑的活動非溯溪莫屬，目標前往無名的夢幻瀑布。身上會穿救生衣，不管是要跳進河中、靠近瀑布還是攀爬岩石等都很安全。

🕐7月中旬～9月上旬，9:00～12:00、13:00～16:00（天候不佳時有變更），需洽詢
※費用包含保險、紀念DVD等

清涼&魄力滿點！

^{活動}3 乘鞍高原
規模最大的瀑布
番所大瀑布
ばんどころおおたき

落差40m、寬15m的乘鞍最大級瀑布，奔放的流水在途中打在岩石上，變成水花墜入瀑布水潭的模樣，看起來魄力滿點。尤其在新綠及紅葉時期特別優美。瀑布的水花有時會因風向而濺到展望台上。

☎0263-93-2147
（乘鞍高原觀光服務處）
🕐自由參觀 📍松本市安曇番所
🚌大滝入口巴士站步行5分 🅿30輛
MAP P.88 A-1

漫遊瀑布

從停車場右手邊下階梯約5分鐘，就可抵達能就近觀望瀑布的展望台。而從停車場左手邊前進的路線，則可前往能俯視瀑布的展望台，以及通往番所小瀑布的遊步道。單程約40分。

◀️從停車場走下陡峭的樓梯，5分鐘就可抵達展望台，從展望台可觀賞到這幅壯觀的景色

大自然孕育出的絕品美食
乘鞍高原的 伴手禮

由豐富的大自然孕育出的乘鞍高原名產，收到的人一定都會很開心。

這裡買得到！

^{乘鞍高原} ふるさとむらエコーのりくら
ふるさとむらエコー乘鞍

除了漬物和名菓之外，還有許多民藝品和當地特產品。乘鞍高原野生的山李子果醬500日圓也大受好評。

☎0263-93-2526
🕐8:30～18:30（7月下旬～8月～20:00）🈺不定休（7、8月無休）📍松本市安曇4306 🚌観光センター前巴士站即到
🅿20輛
MAP P.88 B-3

使用酸味較重的
紅玉蘋果做成的果醬

信州產
ALL FRUIT
果醬紅玉
865日圓

不加糖，只保留信州產蘋果的甜味，精心熬煮而成的溫和口味果醬。

使用信州味噌調味的
乘鞍產蜂斗菜

蜂斗菜味噌
500日圓

山中特有的味覺享受。蜂斗菜味噌非常適合配飯、當下酒菜，或是搭配茶泡飯。

魅力滿點的高原旅宿

在盡情玩樂之後，一定要享受美食和溫泉。以下將嚴選介紹主打擁有大自然孕育出的豐富美食和乘鞍特有的濁湯溫泉的旅宿。可視個人喜好，規劃屬於自己的高原住宿之旅。

主打料理 的旅宿

在歐洲所學的味道和世界各國的酒齊聚

Pension MADONNA

在歐洲學習廚藝的老闆製作的是和洋融合的創作料理。親切洗練的味道頗受好評。飲品類也很豐富，世界各國的酒應有盡有。

☎090-8329-6357（中原）
IN 15:00　OUT 10:00
¥1泊2食9720日圓～
所 松本市安曇3971
番所巴士站步行3分
P 13輛　11房
外來入浴 不可

MAP P.88 B-1

➡餐廳為開放式空間。就座後可先享用餐前酒

➡備有世界各國的酒，光是葡萄酒就有20種以上

⬆7道料理搭配麵包或飯的晚餐全餐

溫泉民宿 Hutte Hoshi

●おんせんみんしゅくヒュッテほし

由在鹽尻市專門栽種蔬菜、蘋果和梨子的專業農家所經營的溫泉旅宿。會以自家生產的米和味噌、當季蔬菜製作的手作家庭料理來接待旅客。

☎0263-93-2502
IN 15:00　OUT 10:00
¥1泊2食7350日圓（未含稅）～
所 松本市安曇4085-75
楢の木坂巴士站即到
P 16輛　10房
外來入浴 不可

MAP P.88 A-2

滿滿的當季蔬菜！盡情享用農家特有的美味

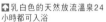
⬆乳白色的天然放流溫泉24小時都可入浴

⬇信州牛焦烤紅味噌

⬆使用滿滿的當季現採新鮮蔬菜作為食材

➡使用茄子等當季現採蔬菜製作的焗烤料理

滿滿都是乘鞍孕育出的山中美味

四季彩之宿 山吹

●しきさいのやどやまぶき

位於乘鞍岳山腳下，海拔1550m的高原旅宿。堅持使用當地當季食材，由老闆娘親自烹調的料理，充滿了山中美味。有山菜和岩魚等乘鞍的大自然特有的各種美食。館內裝飾著山野草，從房間看過去的景色壯觀優美，是個可感受四季的旅宿。

☎0263-93-2518
IN 15:00　OUT 10:00
¥1泊2食12800日圓～
所 松本市安曇4297-10
スキー場前巴士站步行3分
P 30輛　14房
外來入浴 不可

MAP P.88 A-4

➡可以享受美食和溫和不刺激的溫泉

主打溫泉 的旅宿

↑泉水引自位於乘鞍高原的溪流——山葵澤附近的山葵澤溫泉

溫泉小檔案

浴池種類
露天浴池、室內浴池:男女分開各1處,包租浴池:2處

不住宿泡湯資訊
⏰12:00～20:00(最終入場)、需預約 ¥540日圓 □300日圓
□100日圓 🛁免費

雙色源泉 山水館信濃
●ふたいろのげんせんさんすいかんしなの

有乳白色的乘鞍溫泉,以及隨氣候變化顏色的山葵澤溫泉等2種源泉的溫泉旅宿。不住宿純泡湯需預約。晚餐可在地爐旁享用和食宴席料理。

📞0263-93-2301
IN 15:00 OUT 10:00
🏠松本市安曇4298-6
¥1泊2食10800日圓～
🚌スキー場前巴士站步行8分 🅿40輛
🏠20房
MAP P.88 A-4

併設露天浴池的乳白色包租浴池「絹之湯」

美鈴莊 溫泉旅館
●あったかおんせんやどみすずそう

露天浴池中經常充滿源泉放流的乳白色溫泉。使用當地天然香菇等製作的料理也分量滿點。

📞0263-93-2330
IN 15:00 OUT 10:00
🏠松本市安曇楢の木4085-49
¥1泊2食7776日圓～
🚌楢の木坂巴士站即到
🅿30輛
🏠22房 🛁外來入浴
7:00～20:00、500日圓
MAP P.88 A-2

↑使用當地食材的料理也大受好評

Country House 溪山莊
●カントリーハウスけいざんそう

充滿山中美味的和洋折衷鄉村晚餐大受好評。露天浴池可免費包租,房客少的日子也可包租使用室內浴池。可盡情享受乳白色的溫泉。

📞0263-93-2221
IN 15:00 OUT 10:00
🏠松本市安曇4243-1
¥1泊2食9500日圓(未含稅)～
🚌鈴蘭巴士站步行6分(有接駁車、預約制)
🅿10輛 🏠10房
🛁外來入浴 不可
MAP P.88 A-3

↑附專用露天浴的「李之湯」

溫泉小檔案

浴池種類
露天浴池、室內浴池:男女分開各1處

不住宿泡湯資訊
⏰9:30～21:00(最終入場20:00)、第3週二休(4月上旬、12月上旬有長期休) ¥720日圓
□620日圓 □210日圓 🛁免費

湯けむり館
●ゆけむりかん

人氣的不住宿溫泉設施。從注滿了乳白色單純硫磺泉的浴池可眺望壯觀的乘鞍岳,享受奢華的泡湯氛圍。併設咖啡廳餐廳「Primavera」(→P.80)。

📞0263-93-2589
🏠松本市安曇4306-4
🚌観光センター前巴士站即到
🅿70輛
MAP P.88 B-3

↑透過大扇玻璃窗,可以看見如畫般的乘鞍岳

可盡情欣賞景色的露天浴池。放晴的日子乘鞍岳就在眼前景色的露天浴池。放晴的日子乘鞍岳就在眼前可看到。

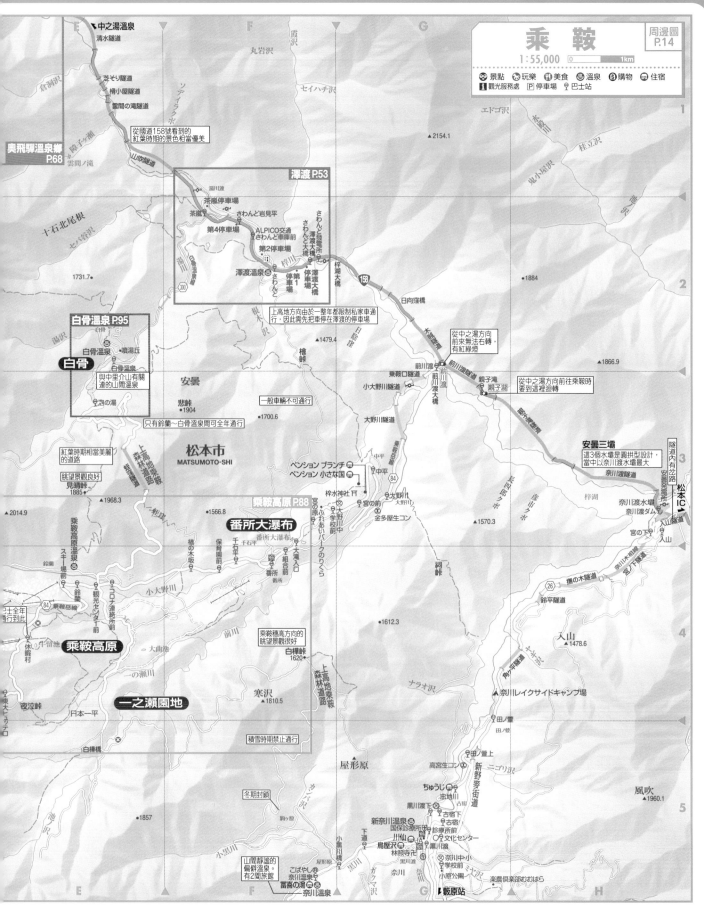

乗鞍

周邊圖 P.14

1:55,000
0 ──── 1km

景點　玩樂　美食　溫泉　購物　住宿
觀光服務處　P停車場　巴士站

中之湯溫泉
清水隧道
芝そり隧道
樽小屋隧道
雲間の滝隧道

奥飛驒溫泉鄉
P.68

從國道158號看到的
紅葉時期的景色相當優美

十石北尾根

セイラク沢

丸岩沢
霞沢

セイハチ沢

エドゴ沢

▲2154.1

▲1884

澤渡 P.53

湯川渡
茶嵐停車場
茶嵐
さわんど岩見平
さわんど車庫前
ALPICO交通
さわんど大橋
第4停車場
第2停車場
澤渡溫泉
第1停車場

梓湖

158

白骨溫泉 P.95

白骨
白骨溫泉
白骨溫泉
噴湯丘
與中里介山有關
連的山間溫泉
泡の湯

安曇

悲峠
▲1904

1731.7

▲1479.4

上高地方向由於一整年都限制私家車通
行，因此需先把車停在澤渡的停車場

日向窪橋

K能電沢

▲1866.9

從中之湯方向
前來無法右轉，
有紅綠燈

親子滝
親子滝

從中之湯方向前往乘鞍時
要到這裡迴轉

樽峠

一般車輌不可通行

▲1700.6

乘鞍口隧道
小大野川隧道
大野川隧道

前川渡
前川渡隧道
前川渡大橋

安曇三壩
這3個水壩是圓拱型設計，
當中以奈川渡水壩最大

奈川渡隧道

松本IC

只有鈴蘭～白骨溫泉間可全年通行

紅葉時期相當美麗
的道路

眺望景觀良好
見晴峠
1885

松本市
MATSUMOTO-SHI

上高地乘鞍
森林道路

中平
中平
ペンション ブランチ
ペンション 小さな国

梓水神社
大野川中
大野川
學校前
金多屋生コン

奈川渡水壩
奈川渡ダム

宮の下

入山
入山

▲1570.3

▲2014.9

▲1968.3

乘鞍高原溫泉
スキー場前
鈴蘭
コロナ連絡所前
觀光センター前

乘鞍高原 P.88

番所大瀑布

▲1566.8

楢の木坂
保育園前
千石平
大滝入口
組合前
番所
番所大瀑布

ふれあいパークのりくら

撫の木隧道
鈴平隧道

入山
▲1478.6

全年
行到此
至全年
行到此

乘鞍岳線

乘鞍高原

一之瀬園地

大曲池
前川
一の瀬川

小大野川

乘鞍穗高方向的
眺望景觀很好

白樺峠
1620

寒沢
▲1810.5

▲1612.3

ナラオ沢

奈川レイクサイド
キャンプ場

夜泣峠
日本一平

▲1857

冬期封鎖

積雪時期禁止通行

屋形原

駒ヶ原

小黒川

小黒川
奈川温泉
こばやし
奈川溫泉
冨番の湯
奈川溫泉

山間靜謐的
祕辨溫泉。
有2間旅館

高宮生コン

田ノ萱上
田ノ萱

新野麥街道

ちゅうじ
忠地川
忠地

新奈川溫泉
国保診療所
川山
鳥屋生コン
林照寺前
黒川渡

古宿下
古宿
古宿下
下道
診療所前
文化センター
黒川中・小
學校前

楽農倶楽部おおはら
小原公園前

風吹
▲1960.1

藪原站

86

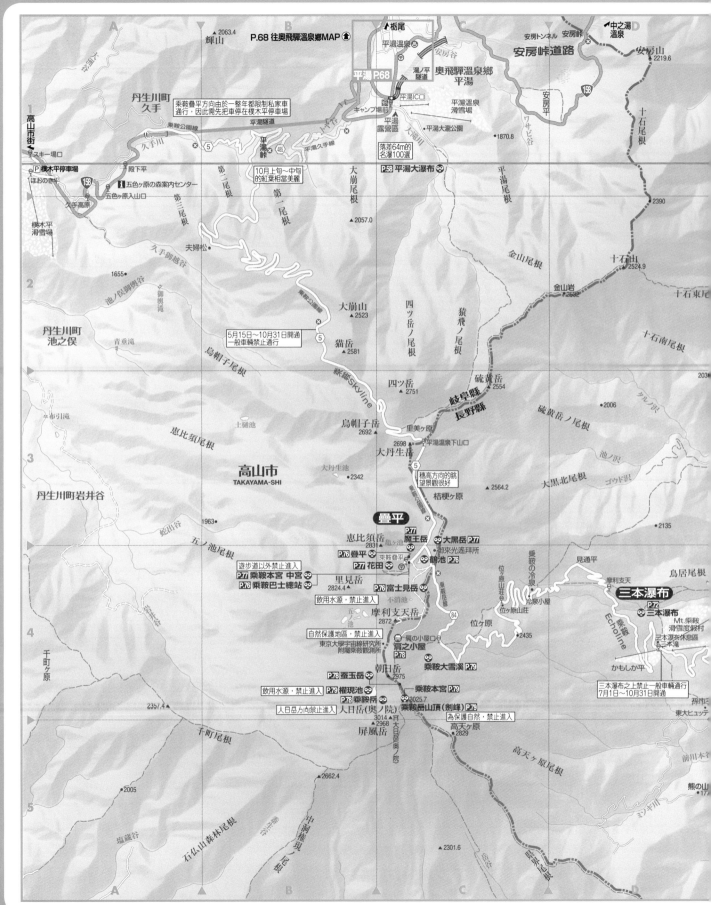

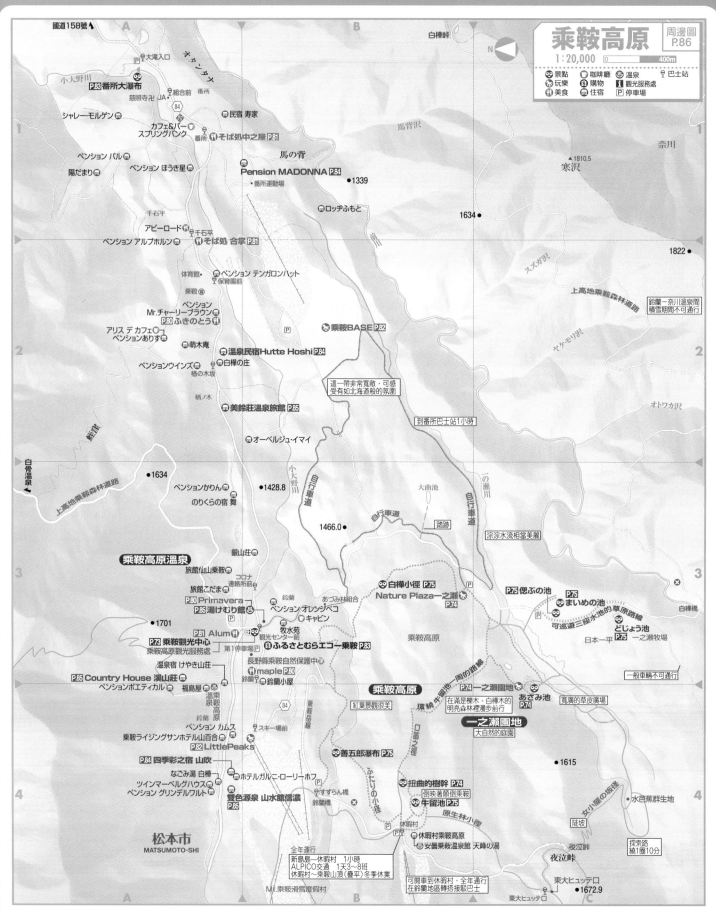

CONTENTS
P.91 乳白色的溫泉旅宿
P.94 不住宿露天浴池
P.95 白骨溫泉漫步之旅

白骨溫泉

しらほねおんせん

山間湧出的乳白色白骨溫泉是信州首屈一指的名湯，
有「泡湯三天，三年不會感冒」的傳言，
可讓人從體內徹底暖和起來。
名產溫泉粥和飲用泉也可從身體內部給予活力。

➡泡湯旅館的純白色大露天浴池

一目瞭然的交通地圖

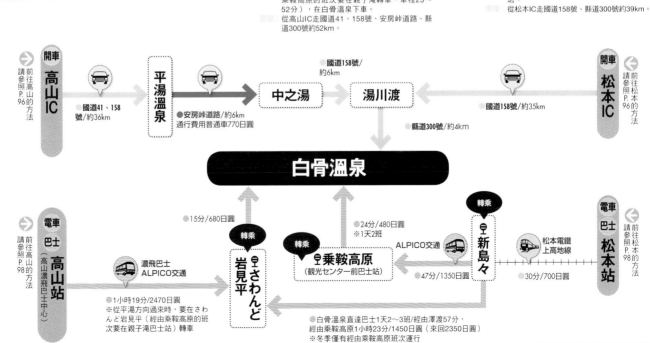

付費道路	路線巴士
國道・縣道・其他	+++ 電車

從高山
巴士：在JR高山站旁的高山濃飛巴士中心搭乘往松本的特急巴士，車程1小時19分，在さわんど岩見平轉搭往白骨溫泉的巴士15分（經由乘鞍高原的班次要在親子滝轉車，車程23～52分），在白骨溫泉下車。
開車：從高山IC走國道41、158號、安房峠道路、縣道300號約52km。

從松本
電車：在松本站搭上高地線30分，在新島島站下車。轉搭往白骨溫泉的巴士，經由澤渡57分，在白骨溫泉下車。直達巴士1天2～3班。
開車：從松本IC走國道158號、縣道300號約39km。

請參照P.山96的方法
前往高山

開車 高山IC
➡國道41、158號/約36km

平湯溫泉
➡安房峠道路/約6km
通行費用普通車770日圓

國道158號/約6km

中之湯 → 湯川渡

國道158號/約35km

開車 松本IC
前往松本P.96的方法

縣道300號/約4km

白骨溫泉

●15分/680日圓

●24分/480日圓
※1天2班

請參照P.山98的方法
前往高山

電車 巴士 高山站（高山濃飛巴士中心）

濃飛巴士 ALPICO交通
●1小時19分/2470日圓
※從平湯方向過來時，要在さわんど岩見平（經由乘鞍高原的班次要在親子滝巴士站）轉車

轉乘
さわんど岩見平

轉乘
乘鞍高原（觀光中心前巴士站）

ALPICO交通
47分/1350日圓

轉乘
新島々

松本電鐵上高地線

電車 巴士 松本站
前往松本P.98的方法

●30分/700日圓

●白骨溫泉直達巴士1天2～3班/經由澤渡57分，
經由乘鞍高原1小時23分/1450日圓（來回2350日圓）
※冬季僅有經由乘鞍高原班次運行

※刊載內容為2017年12月時的資訊。

白骨溫泉是這樣的地方

湧自乘鞍岳山腹的白骨溫泉，是擁有600年以上歷史的溫泉地，曾在中里介山的小說《大菩薩峠》中登場，因而成為全國知名的名湯。

前往白骨溫泉的交通情報 → P.18~21、P.89
白骨溫泉的地圖 → MAP P.95

⬆白骨溫泉巴士站附近的道路。這裡是被大自然環繞的溫泉地

白骨溫泉地區的洽詢處
- ●阿爾卑斯觀光協會　　📞0263-94-2221
- ●松本市山岳觀光課　　📞0263-94-2307
- ●白骨溫泉觀光服務處　📞0263-93-3251
　⏰9:00~17:00　休不定休
- ●白骨溫泉官方網站　HPwww.shirahone.org

因護岸工程尚未完成，重新開放日期未定（2018年9月時）

白骨溫泉公共野天浴池
しらほねおんせんこうきょうのてんぶろ

因護岸工程還未完成，目前依舊關閉中的公共野天浴池是白骨溫泉象徵性的存在。在浪浪溪流的環繞下，可邊泡溫泉，邊聆聽河川流動的聲音。期待之後的再次開放。MAP P.95

觀光導覽和交通資訊都在這裡

白骨溫泉觀光服務處
しらほねおんせんかんこうあんないじょ

位於溫泉地中心的觀光服務處。可在此獲得白骨溫泉的觀光景點和餐廳等資訊。

📞0263-93-3251　⏰9:00~17:00（11~隔年4月10:00~16:00）休不定休　所松本市安曇4197-16　交白骨溫泉巴士站即到　P無（可利用鄰近的公共停車場）MAP P.95

⬅大露天浴池是不可錯過的白骨溫泉招牌景點

白骨溫泉的名露天浴池

泡湯旅館大露天浴池
あわのゆりょかんだいろてんぶろ

可說是白骨溫泉招牌的大露天浴池為混浴。設有女性專用入口，且溫泉為濁湯，因此比較不用擔心。→P.91

（地圖）
- 藥師堂
- 湯澤
- 噴湯丘
- 白骨溫泉公共野天浴池 ★ 重新開放日期未定（2018年9月時）
- 白骨溫泉觀光服務處 ★
- 隧道與冠水溪
- 白骨溫泉
- 湯川
- 深渡
- 龍神瀑布
- 三十三觀音
- 上高地乘鞍森林道路
- 噴湯丘與球狀石灰石
- 泡湯旅館大露天浴池 ★
- 泡の湯
- 乘鞍

進階玩法

不可錯過使用溫泉製作的料理！

品嘗白骨溫泉的名產料理

名產料理為用白骨溫泉煮的「溫泉粥」。很多旅宿的早餐都有溫泉粥，不同源泉的粥濃度也會有所不同。在山水觀 湯川莊中，可以品嘗到搭配優良牧場的牛奶煮成的「溫泉鍋」。溫泉水可讓肉質變得軟嫩，味道清爽的鍋吃起來也別具一格。

⬇因為含有鹽分，可以煮出相當美味的粥

⬆山水觀 湯川莊（→P.92）的新名產「溫泉鍋」

好玩報你知！
3大關鍵字

1 具豐富療效的乳白色溫泉
白骨的溫泉含石灰成分，剛湧出時是透明的，接觸到空氣後會逐漸變成白色。附著在浴槽中的白色固狀物是鈣的固狀物，因此形成的白色浴槽也頗富意趣。

2 可讓身體從內部恢復活力的飲用泉
白骨的溫泉據說有促進血液流動的功效。不只可以浸泡，還可以飲用。有助於消化器官的運作，因此對便秘也具有療效。飲用泉所有2處，可以趁巡訪溫泉的時候喝喝看。

3 隨著四季變化的山中景色
位於深山間，充滿秘境氛圍的溫泉鄉風景也是一大看點。6月上旬的新綠和10月上旬的紅葉，以及冬季的雪景都很推薦。夏天早晚涼爽，泡完溫泉可享受舒爽的時光。

乳白色的溫泉旅宿

湧自海拔1440m高山的白骨溫泉。以下將介紹擁有湯號的旅館，以及不住宿泡湯的資訊。

盡情享受白骨溫泉中最寬廣的大露天浴池

在泡湯旅館 挑戰混浴 大露天風呂！

對混浴有所抗拒的人，在這裡意外地也能輕鬆入浴，可以鼓起勇氣挑戰看看。

1 脫衣間男女分開

先拿著更換衣物到脫衣間。女性混浴脫衣間有擺放浴布可供入浴時使用（僅供住宿者）。

2 下樓途中就會進入浴池

從女性脫衣間走下樓梯就能直接進入露天浴池中。是很貼心的入浴路線設計。

3 穿過布簾就是大露天浴池

湯池呈現白濁色，而且深度也夠，不習慣混浴的人也比較不會感到抗拒。

湯號代表什麼？

白骨旅宿的溫泉全都為自家源泉，因此自古以來就擁有各自的「湯號」，湯號可說是直接表現出了泉質和歷史等溫泉的特徵，在選擇旅宿時不妨可以參考看看。

溫泉小檔案

浴池種類
混浴露天浴池：1處，露天浴池、大浴場：男女分開各1處

不住宿泡湯資訊
🕙10:30～14:00（最終入場13:30）、週四休 ¥820日圓
□700日圓 🧴100日圓 🔵免費

湯號 泡之湯

正如其名，此湯的特徵為碳酸成分多，皮膚上會附著細緻的氣泡，摸起來很舒服。可飲用。

↑被白樺樹包圍的大露天浴池，別有一番風情

↩舒適的客房，可悠閒地在這裡休息

あわのゆりょかん
泡湯旅館

說到泡湯旅館的招牌名湯，就是有70張榻榻米大的混浴大露天浴池。周圍有樹木包圍，脫衣場男女分開，包含純泡湯不住宿的旅客，有非常多人來訪。溫度不高，最適合久泡。

📞0263-93-2101
IN 15:00 OUT 10:00 ¥1泊2食10270日圓～
🏠松本市安曇4181
🚌泡の湯巴士站即到
🅿50輛 🛏24房
MAP P.95

↑使用淡水魚和國產和牛等當地和當季食材的宴席料理

しらふねそう しんたくりょかん
白船莊 新宅旅館

從源泉湧出豐沛乳白色溫泉的溫泉旅宿。除了春天的新綠和秋天的紅葉之外，也推薦冬天的賞雪溫泉。白骨溫泉名產「溫泉粥」溫和不傷胃，很適合當早餐享用。

📞0263-93-2201
IN 15:00 OUT 10:00
¥1泊2食16350日圓～
🏠松本市安曇4201
🚌白骨溫泉巴士站步行6分
🅿20輛 🛏39房
MAP P.95

➡乳白色的溫泉襯托出四季景色的露天浴池

湯號 新玉之湯

湧自東邊高台，泉量豐沛的自家溫泉，是可盡情享受白骨溫泉的優質良湯。可飲用。

乳白色的溫泉來自源泉放流

溫泉小檔案

浴池種類
露天浴池、室內浴池：男女分開各1處

不住宿泡湯資訊
🕙12:00～14:00（最終入場13:20）、不定休 ¥800日圓
□無 🧴200日圓 🔵免費

↑位於本館外的家庭浴池也可包租使用

➡早上請享用溫滑順口的溫泉粥

小梨之湯 笹屋
こなしのゆ ささや

可感受到古民宅溫暖的隱密溫泉旅宿。餐廳是將新潟古民宅整棟直接移建過來的建築物，是相當平靜沉穩的空間。室內浴池和包租露天浴池都是100%源泉放流。

☎0263-93-2132
IN 15:00 OUT 10:00
¥1泊2食18360日圓～
所 松本市安曇4182-1 泡の湯巴士站步行5分 P15輛 10房
MAP P.95

↑可感受木頭溫暖的和風建築

↑在使用古材的建築物中感受溫泉風情

湯號 小梨之湯

從小梨平湧出的湯泉清淨滑順，質感非常好，觸感摸起來很舒服。可飲用。

↑在大自然中，享受奢侈又優雅的泡湯時光

佇立於白樺林當中的風情旅宿

溫泉小檔案
浴池種類
包租露天浴池：1處
室內浴池；男女分開各1處

不住宿泡湯資訊
⏱11:00～14:00（最終入場13:30）、不定休（需洽詢）
¥600日圓
□400日圓 ✓200日圓 🆓免費

↙位於河岸的人氣包租露天浴池「樸」

河川的淙淙水流聲令人感到療癒的吊橋旅宿

湯號 仙氣之湯
自然湧出的湯泉直接落入浴池中，是可讓肌膚變得滑順的「美人湯」。可飲用。

溫泉小檔案
浴池種類
包租露天浴池：3處（寒冷時期為2處），室內浴池；男女分開各1處，包租浴池：1處

不住宿泡湯資訊
僅清閒日可（需洽詢）

山水觀 湯川莊
さんすいかん ゆがわそう

建於團體旅客不會前往的吊橋對面的旅宿。有3處免費包租露天浴池，可悠閒地享受自家源泉的優質溫泉。還可享用以健康為主題的料理，使用溫泉水、牛奶和信州味噌製作的乳白色溫泉鍋大受好評。

☎0263-93-2226
IN 15:00 OUT 10:00 ¥1泊2食16350日圓～
所 松本市安曇白骨溫泉4196
白骨溫泉巴士站即到 P20輛 14房
MAP P.95

↑為方便旅客休息，抵達時已鋪好床鋪

↙晚餐「滋養六菜」。擺滿了溫泉鍋及當地食材
↑汽車可過的吊橋，由此通往旅宿

↙瀰漫著秘湯氛圍的混浴露天浴池

桂湯 丸永旅館
かつらのゆ まるえいりょかん

桂木環繞的靜謐旅宿，特徵為室內浴池和露天浴池來自不同源泉。露天浴池較溫，可長久浸泡。境內還有噴出溫泉的遺跡噴湯丘。

☎0263-93-2119
IN 15:00 OUT 10:00 ¥1泊2食10950日圓～
所 松本市安曇4185-2 泡の湯巴士站即到
P20輛 11房
MAP P.95

↑客房全為和室，具有沉靜的氛圍

溫泉小檔案
浴池種類
混浴露天浴池：1處，室內浴池；男女分開各1處，包租浴池：1處

不住宿泡湯資訊
⏱11:00～14:00（最終入場）、不定休（需洽詢）¥600日圓
□無 ✓無 🆓免費

湯號 桂之湯
在桂木的環繞下，可感受四季不同風貌的溫泉。可飲用。

可享受2種不同的源泉

↑具備湯療場氛圍的室內浴池。可24小時入浴

□浴巾 ✓毛巾 🧴洗髮精・潤髮乳・沐浴乳

白骨首屈一指的老牌旅館

⬆ 晚餐為每月更換的宴席料理。照片為單點的信州牛排

溫泉小檔案

浴池種類
露天浴池、室內浴池：男女分開各1處、野天浴池：男女分開各1處、包租浴池：1處

不住宿泡湯資訊
外來入浴 不可

ゆもとさいとうりょかん

湯元齋藤旅館

江戶時代中期創業，格調高雅的溫泉旅宿。腹地內有7棟建築物，除了牧水莊之外的6棟建築物都是在2003年新建的。重現湯屋建築的大浴場相當壯觀。

☎0263-93-2311
IN15:00 **OUT**10:00 **¥**1泊2食14000日圓（未含稅）～ **所**松本市安曇4195 **交**白骨溫泉巴士站步行8分 **P**50輛 **客**53房
MAP P.95

湯號 湯元
自古流傳下來的自噴湯泉是白骨溫泉的起源。是不斷守護白骨溫泉的老牌旅館。可飲用。

⬆ 適合靜養的悠閒老牌旅館

しらぼねゑびすや

白骨惠比壽屋

帶有沉靜氛圍的旅宿。有玻璃隔間的窗戶，木造建築中擺飾自然石的大浴場，宛如帶有懷舊情懷的湯療場。另外也推薦可感受白骨四季，開放感十足的野天浴池。

☎0263-93-2031
IN15:00 **OUT**10:00 **¥**1泊2食12000日圓～ **所**松本市安曇白骨4206-2 **交**白骨溫泉巴士站步行10分
P20輛 **客**20房
MAP P.95

溫泉小檔案

浴池種類
露天浴池、室內浴池：男女分開各1處

不住宿泡湯資訊
外來入浴 不可

歷史悠久、帶有復古氣圍的旅館

湯號 事代之湯
源自事代主神之名，溫度不高，對身體相當溫和。不可飲用。

⬆ 用玻璃隔間的復古風室內浴池

つるやりょかん

鶴屋旅館

與大自然融為一體的舒適感，保有古早風樸氣息的秘湯旅宿。從露天浴池可俯視溪流，欣賞美麗的大自然。從深山中滾滾湧出的溫泉觸感非常舒適溫和。

☎0263-93-2331
IN15:00 **OUT**10:00 **¥**1泊2食14040日圓～ **所**松本市安曇4202-6 **交**白骨溫泉巴士站步行5分
P20輛 **客**28房
MAP P.95

溫泉小檔案

浴池種類
露天浴池、室內浴池：男女分開各1處

不住宿泡湯資訊
外來入浴 不可

⬇ 飄散著檜木香，簡單卻別有風情的室內浴池

可接觸四季豐饒景色的溪流沿岸旅宿

湯號 絹之湯
自然湧出的溫泉，能溫和地滲入身心，讓人放鬆。可飲用。

溫泉小檔案

浴池種類
露天浴池、室內浴池：男女分開各1處，包租浴池：1處

不住宿泡湯資訊
外來入浴 不可

可從浴池欣賞大自然的豪華美景

しらふねグランドホテル

Shirafune Grand Hotel

被群山環繞，可充分享受溫泉情懷的旅宿，以白木為基調，館內充滿清新的清潔感。從房間和浴場都能看到美麗的大自然。

☎0263-93-3333
IN15:00 **OUT**10:00 **¥**1泊2食15120日圓～ **所**松本市安曇4203 **交**白骨溫泉巴士站步行5分 **P**50輛 **客**53房
MAP P.95

可欣賞壯觀景色的展望浴池。可看到美麗的星空的夜晚

湯號 五彩之湯
從和「五彩絢爛的絕景」——噴湯丘連接的洞窟中湧出的溫泉。可飲用。

被深山樹林環繞的靜謐溫泉旅宿

從窗戶照進溫和光線的家庭浴池

ゆもとさいとうべっかん

湯元齋藤別館

還保留昭和初期面貌的懷舊溫泉旅宿。溫泉為自古流傳的檜木造，注入了滿滿的湯元源泉。可免費使用湯元齋藤旅館和煤香庵（P.94）的露天浴池。

☎0263-93-2244
期4月下旬～11月下旬 **IN**15:00 **OUT**10:00
¥1泊2食12000日圓（未含稅）～ **所**松本市安曇4200 **交**白骨溫泉巴士站步行5分 **P**11輛
客11房
MAP P.95

溫泉小檔案

浴池種類
室內浴池：男女分開各1處，包租浴池：1處

不住宿泡湯資訊
外來入浴 不可

湯號 湯元
自古流傳下來的自噴湯泉是白骨溫泉的起源。為老牌的溫泉旅館。可飲用。

↑湯花膳套餐850日圓
→帶有淡淡溫泉香味的溫泉粥
↓一邊感受湯川的涼涼水流聲，一邊浸泡在白骨特有的白濁湯池裡

名產·溫泉粥！

ばいこうあん
煤香庵

充滿風情的餐廳併設的露天浴池，泉質優良，備好評。雖然也可只泡湯，但剛泡完溫泉時享用的溫泉粥更是別具一格。不妨坐在設有地爐的寬敞座墊上，度過悠閒的時光。

☎0263-93-2917
🕐4月下旬～11月中旬、餐廳11:00～14:00
🈺週三（需洽詢）
📍松本市安曇4200
🚌白骨溫泉巴士站即到
🅿20房
MAP P.95

可眺望溪流的露天浴池和名產料理令人大為滿足

↑令人感受到歷史的建築物，整體營造出非日常的空間

溫泉小檔案
浴池種類
露天浴池；男女分開各1處
不住宿泡湯資訊
🕐9:00～17:00〈最終入場16:30〉（週六、日、假日～18:00〈最終入場17:30〉）、僅4月下旬～11中旬營業、週三休（另有不定休）💰700日圓
🧴200日圓 🧴200日圓 ❌無

不用住宿也能享受的
不住宿 露天浴池 特集！

白骨溫泉除了溫泉旅宿之外，也有純泡湯的露天浴池、餐廳併設的露天浴池等各種風格獨特的浴池。

↑靜謐地佇立於森林中，別有風情的建築物

泡湯旅館的純泡湯專門設施
可盡情享受令人嚮往的溫泉

ひがえりせんもんしせつ あわのゆ そとゆ
純泡湯專門設施 泡湯 外湯

老牌旅宿「泡湯旅館」專為純泡湯的旅客建造的露天浴池，讓非住宿旅客也能享用高級溫泉。岩造的浴池眼前是一大片森林，可同時享受森林浴。和本館相較又別有一番風味。

☎0263-93-2101（泡湯旅館）
📍松本市安曇4181
🚌泡の湯巴士站即到 🅿50房
MAP P.95

溫泉小檔案
浴池種類
露天浴池；男女分開各1處
不住宿泡湯資訊
🕐9:00～18:00〈最終入場〉、僅5～11月營業、不定休
💰700日圓 ❌無 🧴250日圓 🧴200日圓

溫泉小檔案
浴池種類
露天浴池、室內浴池（非溫泉）：男女分開各1處
不住宿泡湯資訊
🕐14:00～16:30〈最終入場16:30〉（依日期會有變更、需確認）、僅週六、日營業
💰620日圓
🧴700日圓 🧴100日圓 免費

↑被大自然包圍的岩造露天浴池，充滿療癒的空間

瀰漫著檜木香的展望露天浴池

名產 岩魚！

↑現烤岩魚相當美味

おやすみどころ きゅうどう
おやすみ処 球道

岩魚料理大受好評的餐廳併設的檜木造露天浴池。浴槽雖然小了點，但有貼心的屋頂設計。有高台，因此眺望視野良好。點餐後現宰的人氣岩魚定食1995日圓。也可住宿（5～11月營業），浴池可包租使用。

↑女性專用露天浴池。只要移動格子門，就能遮蔽外來視線

☎0263-93-2444
🕐餐廳8:30～17:00（LO16:00）（12～隔年4月10:00～15:00〈LO14:00〉）、入浴和住宿僅5～11月營業
🈺不定休
⏰15:00 OUT10:00 💰1泊2食10000日圓～ 📍松本市安曇白骨溫泉4197-16
🚌白骨溫泉巴士站即到
🅿無（可利用附近的公共停車場）🏠2房
MAP P.95

🔲浴巾 🔲毛巾 🔲洗髮精・潤髮乳・沐浴乳

94

左側縱排導覽：

上高地

奧飛驒溫泉鄉

乘鞍

白骨溫泉

白骨溫泉漫步之旅

泡完湯後來去散步

充滿秘湯氛圍，有豐富大自然的溫泉地。泡完溫泉後，可一邊巡遊各個知名景點，一邊悠閒地散步。

↑沿著縣道300號的岩壁和青苔傾瀉而下的瀑布

因硫磺的關係，也被稱為醫王殿

許多人會來此祈求健康

藥師堂 やくしどう

建於1702（元祿15）年，祭祀能治癒疾病且帶來財富的藥師堂。作為「藥師」而被眾多湯療客信奉著。

白骨的大自然孕育出的美麗溪谷

隧通與冠水溪 ついとおしとかんすいけい

由湯川急流侵蝕石灰岩所形成的山洞稱為隧通，水流出來的出口附近則稱為冠水溪。龍神瀑布前有遊步道，可走到近處。

↑春天的新綠和秋天的紅葉都很優美

宛如細絲交錯般的無數條瀑布

龍神瀑布 りゅうじんのたき

自古傳說有「水神居住」的瀑布。水從地下水形成的鐘乳洞中不斷滲出，形成了好幾條瀑布傾瀉而下。

可感受溫泉能量的噴出遺跡

噴湯丘和球狀石灰石 ふんとうきゅうときゅうじょうせっかいせき

約3億5000萬年前溫泉噴出的遺跡，和罕見的球狀石灰石皆為國家天然紀念物。

↑在世界上極為珍貴的顆粒狀石灰石
←位於桂湯 丸永旅館的噴湯丘。此外在Shirafune Grand Hotel附近也有

←由於道路整備的關係，從舊道路旁移動到公共停車場的觀音像

集結了湯療客的信仰

三十三觀音 さんじゅうさんかんのん

彷彿在守護來訪旅客般，佇立於此的33尊觀音像。據說是在白骨溫泉中體驗到神奇療效的湯療客有志一同逐漸建立而成的。

白骨

途中禁止進入

P.93 湯元齋藤旅館 ☺☺ 藥師堂 P.95

P.93 鶴屋旅館

P.93 湯元齋藤別館　　白骨惠比壽屋 P.93

P.94 おやすみ處 球道　　白船莊 新宅旅館 P.91

噴湯丘

●Shirafune Grand Hotel P.93

P.94 煤香庵

P.92 山水觀 湯川莊　　白骨溫泉公共野天浴池 P.90
重新開放日期未定（2018年9月時）

P.90 白骨溫泉觀光服務處　　隧通與冠水溪 P.95

☺☺ 龍神瀑布 P.95

三十三觀音 P.95

澤渡

松本市 MATSUMOTO-SHI 安曇

桂湯 丸永旅館 P.92

☺☺ 噴湯丘與球狀石灰石 P.95

小梨之湯 笹屋 P.92

P.94 純泡湯專門設施 泡湯 外湯

P.91 泡湯旅館

泡の湯

乘鞍高原

白骨溫泉
1:13,000
0　　　200m
周邊圖 P.86

白骨溫泉的伴手禮

旅宿原創的人氣商品

為旅宿的料理提味，大受好評的醬油

湯川莊でつかっているおしょうゆ
500日圓（360ml）

旅宿老闆的自信推薦，由松本市里山邊的大久保釀造店製作的醬油。適合搭配生魚片和生雞蛋。

這裡買得到！
山水觀 湯川莊 → P.92

胡桃形狀的洋風最中餅

泡ちゃんくるみ
800日圓（6個裝）
1450日圓（12個裝）

設計成西點風格的最中餅裡面充滿了保留胡桃原有風味的乳加糖。

這裡買得到！
泡湯旅館 → P.91

以古代米（紫米）做成的軟Q麻糬點心

紫福餅
864日圓（6個裝）～

作為旅宿的招待甜點而大受好評的創作糕點。在使用信州產的古代米和糯米製成的薄餅皮當中，加入了滿滿的餡料。

這裡買得到！
湯元齋藤旅館 → P.93

從各地 **開車** 前往 🚗

交通指南

要前往位於長野、岐阜兩縣交界之山岳地帶的上高地、乘鞍高原、奧飛驒溫泉鄉地區，東側入口為松本市，西側入口為高山市。以下將分別介紹開車、搭乘電車或巴士前往的交通資訊。

① **松本IC**& **高山IC**為入口

從東京基本上會利用長野自動車道松本IC，從大阪則會利用中部縱貫道高山IC。若是從名古屋出發，則視目的地而定，如果要去上高地和奧飛驒溫泉鄉可利用高山IC，如果要去乘鞍高原和白骨溫泉則可利用松本IC。

※刊載內容為2017年12月時的資訊，可能會因為改點、運費更改或道路狀況等原因而出現差異，出發前請事先確認。另外，大眾交通工具可能會因季節而有大幅度的變更，請特別留意。※大眾交通工具的運費若沒有特殊標記，則為通常時期平日使用的普通車指定席的單程費用。IC間費用通常為普通車的一般費用。※大眾交通工具的時間若沒有特殊標記，則為平均所需時間，並包含轉車時間。開車的所需時間則為沒有塞車時的大約所需時間。

往**高山IC**

東京 從**東名高速道路 東京IC**
約463km、約5小時15分、9900日圓
東京IC → 東名高速道路／新東名高速道路 → 豐田東JCT → 東海環狀自動車道 → 美濃關JCT → 東海北陸自動車道 → 飛驒清見IC → 中部縱貫自動車道 → 高山IC

名古屋 從**名神高速道路 一宮IC**
約137km、約1小時50分、3260日圓
一宮IC → 名神高速道路 → 一宮JCT → 東海北陸自動車道 → 飛驒清見IC → 中部縱貫自動車道 → 高山IC

大阪 從**名神高速道路 吹田IC**
約288km、約3小時30分、6330日圓
吹田IC → 名神高速道路 → 一宮JCT → 東海北陸自動車道 → 飛驒清見IC → 中部縱貫自動車道 → 高山IC

可租車 輕鬆兜風 🚗

租車公司的營業所位於上高地地區的入口──松本和高山。搭JR的旅客只要購買乘車券和車站租車套票的「電車＆租車套票」即可享有優惠，請務必事先確認。出發之前也需先查好道路狀況。

《洽詢處》
● 車站租車(松本站營業所)
　　　　　　 📞 0263-32-4690
● 車站租車(高山營業所)
　　　　　　 📞 0577-33-3522
● TOYOTA租車(松本站前店)
　　　　　　 📞 0263-32-7625
● TOYOTA租車(高山站前店)
　　　　　　 📞 0577-36-6110

開車MAP

範例
高速公路・付費道路 ‥‥‥
國道 ━━━
縣道・其他 ━━━
限制私家車通行區間 ‥‥‥
接駁巴士轉乘 🚌

● 日本道路交通資訊中心 全國共通專線
📞 050-3369-6666

過了中之湯就是全年禁止乘車進入的地區。需在澤渡、平湯溫泉赤棚轉搭接駁巴士或計程車

平湯峠～疊平～三本瀧布全年禁止乘車進入。需在樸木平或乘鞍高原轉搭接駁巴士或計程車

（地圖地名）富山IC、北陸自動車道、糸魚川IC、上越JCT、上信越自動車道、白馬、大町、148、147、41、更埴JCT、長野IC、長野自動車道、新穗高溫泉、神岡、475、栃尾溫泉、上高地、安曇野(穗高)、藤岡JCT、新平湯溫泉、安房峠道路、158、樸木平、平湯溫泉赤棚、中之湯、湯川渡、松本IC、松本、淺間溫泉、中部縱貫道、高山、前川渡、澤渡、野麥街道、鹽尻北IC、飛驒清見IC、白骨溫泉、奈川渡、84、300、26、松本機場、關越自動車道、東海北陸自動車道、乘鞍山頂(疊平)、乘鞍高原、奈川、中央自動車道、岡谷JCT、八王子JCT、鶴島JCT、圈央道、美濃加茂JCT、美濃關JCT、東海環狀自動車道、練馬IC、高井戶IC、大阪、名神高速道路、土岐JCT、中央自動車道、豐田東JCT、浜松いなさJCT、新東名高速公路、海老名JCT、圈央入口、東京、吹田IC・JCT、一宮IC、一宮JCT、小牧JCT、小牧IC、名古屋、伊勢灣岸自動車道、三ヶ日JCT、東名高速公路、御殿場JCT、東京IC

往**松本IC**

大阪 從**名神高速道路 吹田IC**
約363km、約4小時20分、8290日圓
吹田IC → 名神高速道路 → 小牧JCT → 中央自動車道 → 岡谷JCT → 長野自動車道 → 松本IC

名古屋 從**東名高速道路 小牧IC**
約195km、約2小時25分、5020日圓
小牧IC → 東名高速道路 → 小牧JCT → 中央自動車道 → 岡谷JCT → 長野自動車道 → 松本IC

東京 從**首都高速4號新宿線 永福**
約211km、約2小時40分、5730日圓
永福入口 → 首都高速4號線 → 高井戶IC → 中央自動車道 → 岡谷JCT → 長野自動車道 → 松本IC

② 客車 🚗 → 接駁巴士 🚌

上高地・乘鞍山頂（疊平）有**私家車通行限制**

自行開車的起點——松本和高山之間約有單程2小時30分的距離，但中間的上高地和乘鞍山頂（疊平）有廣泛的區域限制私家車通行，因此前往上高地時，需將車停在赤棚停車場或澤渡的停車場；前往乘鞍山頂時，則需將車停在樸木平停車場或乘鞍高原的停車場，之後再轉搭接駁巴士。

接駁巴士時刻表

刊載時刻、期間為**2017年度的資訊**。可能會因不同年度而有所變更，請事先確認。

4月中旬～11月15日運行

赤棚停車場～平湯溫泉～上高地　濃飛巴士・ALPICO交通

赤棚停車場（あかんだな駐車場）～約10分～平湯溫泉～約25分～上高地巴士總站

上高地方向	あかんだな駐車場	4:50	5:20■	5:50	6:20	6:50	這段期間	16:20■	16:50	17:20■	17:50
	平湯溫泉	5:00	5:30	6:00	6:30	7:00	每隔30分一班	16:30	17:00	17:30	18:00
	上高地	5:25	5:55	6:25	6:55	7:25		16:55	17:25	17:55	18:25
平湯方向	上高地	7:00	7:30	8:00	8:30	9:00	這段期間每隔30分一班	16:30	17:00	17:30■	18:00
	平湯溫泉	7:25	7:55	8:25	8:55	9:25		16:55	17:25	17:55	18:25
	あかんだな駐車場	7:35	8:05	8:35	9:05	9:35		17:05	17:35	18:05	18:35

■=4/下旬～5/上旬、7/15～8/20。▲=4/下旬～5/上旬、7/15～8/20。8/26～10/15僅週六、日、假日
※所有班次的起始站和終點站都在赤棚停車場

7月1日～10月31日運行

乘鞍高原的停車場～乘鞍山頂（疊平）　ALPICO交通

宮の原～約12分～乘鞍觀光中心（乘鞍觀光センター）～約50分～乘鞍山頂（疊平）

※若因天候等因素導致乘鞍Echoline禁止通行時則停止運行
※當天14時之前的班次如果因下雨等道路狀況而停止運行，則整日停止運行
※7月16日～9月19日「乘鞍岳御來光巴士」請參照P.78

●7/1～10月中旬的A班次表

乘鞍山頂方向	宮の原	6:00												
	觀光センター前	6:10	7:00	8:00	9:00	9:30	10:00	11:00	12:00	13:00	14:00	15:30
	乘鞍山頂（疊平）	7:00	7:50	8:50	9:50	10:20	10:50	11:50	12:50	13:50	14:50	16:20
乘鞍高原方向	乘鞍山頂（疊平）		7:10	8:05	9:05	10:05	11:05	12:05	13:05	14:05	15:05	16:05	16:30	17:05
	觀光センター前		8:00	8:55	9:55	10:55	11:55	12:55	13:55	14:55	15:55	16:55	17:20	17:55

▲=7/1～9/30　◆=10/1～10/16

●10月中旬～10/31的班次表

乘鞍山頂方向	觀光センター前	7:00	8:00	10:00	12:00	14:00	15:30
	乘鞍山頂（疊平）	7:50	8:50	10:50	12:50	14:50	16:20
乘鞍高原方向	乘鞍山頂（疊平）	8:05	9:05	11:05	13:05	15:05	16:30
	觀光センター前	8:55	9:55	11:55	13:55	15:55	17:20

●7/1～10月中旬的B班次表

因降雨、濃霧或其他事由導致使用乘客極為稀少的日子，以及日本氣象廳在前日14:00時發布的氣象預報中，表示翌日6:00～12:00間長野縣中部地方降雨機率達40%以上時，則以B班次表運行。B班次會在A班次表中的●時刻運行

因天候等因素的班次請洽詢ALPICO交通新島島營業所☎0263-92-2511

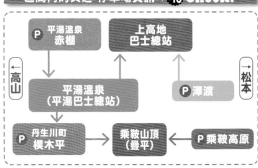

4月中旬～11月中旬運行

澤渡的停車場～上高地　ALPICO交通

澤渡地區（さわんど大橋、澤渡巴士總站、さわんど足湯公園前〔下車專用〕、アルピコ交通さわんど車庫前、さわんど岩見平、茶嵐）～約30分～上高地巴士總站

※週六、假日的尖峰時段會縮短班距
※澤渡地區有5處巴士站，最好先記住距離停車場最近的巴士站名

上高地方向	澤渡巴士總站	4:40★	5:10	5:40◆	6:10	這段期間約每隔30分一班	15:40
	中の湯	4:55	5:25	5:55	6:25		15:55
	大正池	5:00	5:30	6:00	6:30		16:00
	上高地	5:10	5:40	6:10	6:40		16:10

4/15　6:40～15:40
★GW、7/中旬～下旬的週六、日、假日、8/上旬～下旬、9/上旬～10/中旬的週六、日、假日
◆=4/下旬～8/上旬、10/上旬的平日
●=4/下旬、5/上旬～7/上旬的週六、日、8/下旬～9/下旬的平日、10/中旬～下旬
※接駁巴士末班結束後可利用新島島～上高地的路線巴士

澤渡方向	上高地	7:25	這段期間約每隔30分一班	16:55
	中の湯	7:40		
	澤渡巴士總站	7:55		17:25

※接駁巴士末班結束後可利用新島島～上高地的路線巴士

5月15日～10月31日運行

平湯溫泉（平湯巴士總站）～樸木平停車場～乘鞍山頂（疊平）　濃飛巴士・ALPICO交通

平湯溫泉～約15分～樸木平停車場（ほおのき平駐車場）～約45分～乘鞍山頂（疊平）

※若因天候等因素導致乘鞍Skyline禁止通行時則停止運行

●5/15～10/15的基本班次表

		■1	■2	■3	▲		◆		◆		◆		◆		◆		
乘鞍山頂方向	平湯溫泉	3:20	3:30	3:45	5:40	6:10		7:40		8:40		9:40		10:40	11:40	12.40		13.40		14.40		15.40
	ほおのき平駐車場	3:35	3:45	4:00	5:55	6:55	7:25	7:55	8:25	8:55	9:25	9:55	10:25	10:55	11:25	11:55	12:55	13:25	13:55	14:25	14:55	15:25	15:55
	乘鞍山頂（疊平）	4:20	4:30	4:45	6:40	7:40	8:10	8:40	9:10	9:40	10:10	10:40	11:10	11:40	12:10	12:40	13:40	14:10	14:40	15:10	15:40	16:10	16:40
樸木平方向	乘鞍山頂（疊平）	5:50	6:50	7:50	8:20	8:50	9:20	9:50	10:20	10:50	11:50	12:20	12:50	13:20	13:50	14:20	14:50	15:20	15:50	16:20	16:50		
	ほおのき平駐車場	6:35	7:35	8:35	9:05	9:35	10:05	10:35	11:05	11:35	12:35	13:05	13:35	14:05	14:35	15:05	15:35	16:05	16:35	17:05	17:35		
	平湯溫泉	6:50	7:50	8:50		9:50		10:50		11:50	12:50		13:50		14:50		15:50		16:50		17:50		

●10/16～10/31的基本班次表（5/14～7/15的每日、8/21～10/13的平日、10/21～10/29的週六、日降雨機率高的日子也會在這個時刻運行）

乘鞍山頂方向	平湯溫泉				6:40		7:40		8:40		9:40		10:40	11:40		12:40	13:40				15:40
	ほおのき平駐車場				6:55		7:55		8:55		9:55		10:55		11:55		12:55	13:55				15:55
	乘鞍山頂（疊平）				7:40		8:40		9:40		10:40		11:40		12:40		13:40	14:40				16:40
樸木平方向	乘鞍山頂（疊平）		7:50		8:50		9:50		10:50	11:50			12:50	13:50			14:50	15:50		16:50		
	ほおのき平駐車場		8:35		9:35		10:35		11:35	12:35			13:35	14:35			15:35	16:35		17:35		
	平湯溫泉		8:50		9:50		10:50		11:50	12:50			13:50	14:50			15:50	16:50		17:50		

◆ =7/15～8/20的每日、8/26～10/15的週六、日、假日。降雨機率高的日子會停止運行
▲ =9/1～9/18（晨間班次）
■1 =7/15～9/23（御來光巴士）
■2 =7/24～8/31（御來光巴士）
■3 =9/1～9/18（御來光巴士）

※日本氣象廳於前日12:00時發布的翌日6:00～12:00的降雨機率如果在40%以下，則按照基本班次表運行。降雨機率高的日子，御來光巴士和晨間巴士則停運
※御來光巴士除了一般運費之外，還需另付座位費用300日圓

因天候等因素而通行的班次請洽詢濃飛巴士高山營業所☎0577-32-1160

區間內的交通・停車場資訊…●18 Check!

① 前往 松本站・高山站

使用大眾交通工具時，起點為松本站和高山站。從東京來以松本站最為方便，從名古屋來不管是到松本站或是高山站都有許多班次；從大阪來則以經由名古屋前往為最佳路線。

※刊載內容為2017年12月時的資訊，可能會因為改點或運費更改等原因而出現差異，出發前請事先確認。※運費若沒有特殊標記，則為通常時期平日使用的普通車指定席的單程費用。時間為平均所需時間，並包含轉車時間。

從長野往松本

搭乘JR篠之井線普通列車約1小時15分，利用特急列車「Wide View Shinano」約50分即可抵達松本。搭乘高速巴士約1小時30分，和搭乘在來線普通列車費用相差不大，只不過巴士僅在平日運行，因此推薦給在平日旅行的人使用。

長野站
JR篠之井線 特急「Wide View Shinano」
約50分、每小時1班
2840日圓

長野站（善光寺口）
ALPICO交通
高速巴士「長野─松本線」（僅平日）
約1小時30分、約每小時1班
單程1100日圓

從富山往高山

有JR高山本線的特急「Wide View HIDA」運行。高速巴士雖然有到高山，但也有直接前往平湯溫泉的路線巴士。

富山站
JR高山本線 特急「Wide View HIDA」
約1小時30分、1天4班
單程3360日圓

從金澤往高山

高速巴士1天4班，加上轉乘班次共10班。搭乘電車可利用北陸新幹線前往富山站，再轉搭特急「Wide View HIDA」，約2小時。

金澤站前
濃飛巴士・北陸鐵道
高速巴士「白川鄉・金澤線」
約2小時15分、1天4班
單程3390日圓

洽詢處

● JR東日本洽詢中心 ………… ✆ 050-2016-1600
● JR東海電話客服中心 ………… ✆ 050-3772-3910
● JR西日本客服中心 ………… ✆ 0570-00-2486
● ALPICO交通 高速巴士長野預約中心 ………… ✆ 026-229-6200
● 濃飛巴士 預約中心 ………… ✆ 0577-32-1688
● 北陸鐵道預約中心 ………… ✆ 076-234-0123
● 京王高速巴士 預約中心 ………… ✆ 03-5376-2222
● 名鐵巴士 名鐵高速巴士預約中心 ………… ✆ 052-582-0489
● JR東海巴士 名古屋旅行中心 ………… ✆ 0570-04-8939
● 阪急巴士 預約中心 ………… ✆ 06-6866-3147
● 近鐵巴士 近鐵高速巴士中心 ………… ✆ 0570-001631
● JAL 國內線 ………… ✆ 0570-025-071
● FDA 客服中心 ………… ✆ 0570-55-0489

從各地抵達的路線圖

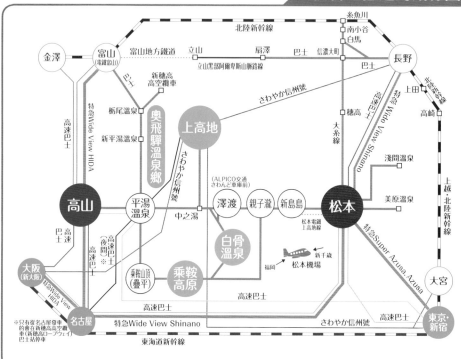

從松本・高山前往的區間內交通資訊…➡ 20 Check!

飛機 從遠方抵達時的入口為松本機場

松本機場→松本巴士總站：搭乘機場巴士車程30分、600日圓

從福岡機場（福岡縣）

FDA（富士夢幻航空）和JAL的共同營運航班。從福岡有10時20分出發（冬季10時25分）和12時30分（冬季11時20分）出發，1天2班。回程時也有2班。

FDA&JAL共同營運航班
約1小時30分、1天2班
請向各大航空公司洽詢
※請事先在各官網上確認最新航班資訊。

從新千歲機場（北海道）

FDA（富士夢幻航空）和JAL的共同營運航班。從新千歲出發，夏季為14時30分，冬季為14時15分，1天1班。回程從松本出發，夏季為12時30分，冬季為12時15分，1天1班。

FDA&JAL共同營運航班
約1小時35分、1天1班
請向各大航空公司洽詢

使用當地交通的各種優惠券也很方便喔！詳細請看P.102

往松本

因為沒有直達車，所以從新大阪站利用東海道新幹線到名古屋站，再轉搭JR中央本線的特急列車「Wide View Shinano」最為方便。高速巴士白天和晚上1天合計3班。

🚄 新大阪站
JR東海道新幹線「Nozomi」→名古屋轉車→
JR中央本線 特急「Wide View Shinano」
🕐 約3小時10分
💴 單程10810日圓

🚌 大阪梅田（阪急三番街巴士總站）
阪急巴士・ALPICO交通
高速巴士「アルペン松本號」
🕐 約5小時50分（白天班次）、1天白天2班、夜晚1班
💴 單程5400～6700日圓

有名古屋站出發的JR特急列車「Wide View Shinano」和名鐵巴士中心出發的高速巴士。特急每小時1班，高速巴士1天有8個班次，相當方便。請評估時間和費用來規劃路線。

🚄 名古屋站
JR中央本線
特急「Wide View Shinano」
🕐 約2小時5分、每小時1班
💴 單程6030日圓

🚌 名鐵巴士中心
名鐵巴士・ALPICO交通
高速巴士「名古屋—松本線」
🕐 約3小時25分、1天8班
💴 單程2600～3560日圓

從東京到松本最快速途徑為經由長野的北陸新幹線，但若轉乘從新宿出發的特急列車，不用轉車就能抵達。而最便宜的方式則是搭乘高速巴士。如果想要搭直達車，可在新宿站搭乘JR的特急列車「Super Azusa」、「Azusa」。

🚄 新宿站
JR中央本線
特急「Super Azusa」、「Azusa」
🕐 約2小時30分～3小時、每小時1～2班
💴 單程6900日圓

🚌 Busta新宿（新宿站新南口）
京王電鐵巴士・ALPICO交通
高速巴士「新宿～松本線」
🕐 約5小時20分、每小時1～2班
💴 單程3500日圓

從大阪 / 從名古屋 / 從東京

往高山

最快的是電車。從新大阪8時03分出發的直達特急列車「Wide View HIDA」雖然1天有1班，但因為要花較多時間，因此建議可搭新幹線到名古屋站，再轉搭特急列車。高速巴士1天有4班。

🚄 新大阪站
JR東海道新幹線「Nozomi」→名古屋轉車→
JR高山本線 特急「Wide View HIDA」
🕐 約3小時15～40分（直達約4小時20分）
💴 單程10810日圓

🚌 近鐵難波站西口（OCAT大樓）
近鐵巴士・濃飛巴士
高速巴士「大阪・京都～郡上八幡・高山」
🕐 約5小時30分、1天4班
💴 單程4700日圓

最快可以抵達的是特急列車，但和高速巴士只差20分左右，考慮到票價加上班次較多，搭乘高速巴士也是不錯的選擇。請配合時間來決定交通方式吧！

🚄 名古屋站
JR高山本線
特急「Wide View HIDA」
🕐 約2小時15～35分、1天10班
💴 單程6030日圓

🚌 名鐵巴士中心
名鉄巴士・濃飛巴士・JR東海巴士
高速巴士「名古屋—高山線」
🕐 約2小時45分、1天12班
💴 單程2980日圓

東京～高山之間沒有直達列車，因此通常會經由名古屋站轉搭特急列車。從新宿有高速巴士運行，建議可以搭乘巴士。巴士會經由平湯溫泉，因此作為往奧飛驒溫泉鄉的直達巴士也很方便。

🚄 新宿站
JR東海道新幹線「Nozomi」→名古屋轉車→
JR高山本線 特急「Wide View HIDA」
🕐 約4小時5～35分（無直達）
💴 單程14920日圓

🚌 Busta新宿（新宿站新南口）
京王電鐵巴士・濃飛巴士
高速巴士「新宿～飛驒高山線」
🕐 約5小時30分、1天6班（夏季7班）
💴 單程6690日圓

前往上高地搭乘 直達夜間巴士也很方便！

從東京或大阪前往上高地時，可考慮搭乘ALPICO交通的「さわやか信州號」；從名古屋前往則可考慮搭乘名鐵巴士。從東京出發的巴士會在新宿站和東京站發車，從埼玉出發的則會在大宮站西口發車（21:50發車）。

大阪方向的 さわやか信州號

大阪－上高地　單程9000日圓～

往上高地方向

	標準車廂 綠色車廂	
大阪梅田阪急三番街	22:30	綠色車廂： 4/下旬～11/上旬
新大阪站	22:39	
京都烏丸口	23:45	標準車廂： 4/下旬～10/下旬的特定日
中の湯	5:37	
大正池	5:43	
帝國飯店前	5:48	
上高地巴士總站	5:50	

往大阪方向

上高地巴士總站	15:40	綠色車廂： 4/下旬～11/上旬
京都烏丸口	20:55	
新大阪站	22:00	標準車廂： 4/下旬～10/下旬的特定日
大阪梅田阪急三番街	22:10	

治詢處
●さわやか信州號客服中心 …………… ☎0570-550-395
●阪急巴士預約中心 …………… ☎06-6866-3147

名古屋方向的 名鐵巴士

名古屋－上高地
單程7200日圓

從名古屋站的名鐵巴士中心出發（23:00發車），經由奧飛驒溫泉鄉的新穗高高空纜車、平湯巴士總站，直達上高地巴士總站（5:15抵達）。從上高地的回程為16:30出發→21:20抵達。運費、班次、運行日為2017年度的資訊。最新資訊請事先洽詢。

治詢處
●名鐵巴士
名鐵高速巴士預約中心
☎052-582-0489

東京方向的 さわやか信州號

新宿－上高地　單程6200日圓～、東京－上高地　單程8400日圓～
也有從東京站八重洲南口22:40出發的班次。

新宿→往上高地

	標準車廂	綠色車廂 標準車廂	
Busta新宿（新宿站新南口）	7:15	22:25	標準車廂： 白天4/下旬～11/上旬、夜間4/下旬～10/下旬的特定日
新島々	10:57	4:15	
大正池	11:52	5:10	綠色車廂： 夜間4/下旬～11/上旬
帝國ホテル前	11:57	5:15	
上高地巴士總站	11:59	5:20	

上高地→往新宿

	綠色車廂 標準車廂	標準車廂	
上高地巴士總站	15:00	16:15	標準車廂：15:00班次 4/下旬～10/下旬的特定日、16:15班次4/下旬～11/上旬　綠色車廂：4/下旬～11/上旬
新島々	16:00	17:15	
中道日野	19:12	20:27	
Busta新宿（新宿站新南口）	19:42	20:57	

治詢處
●さわやか信州號客服中心 …………… ☎0570-550-395
●京王高速巴士預約中心 …………… ☎03-5376-2222

※刊載內容為2017年度的資訊。運費、時刻可能有所變更。最新資訊請在「さわやか信州號」的官網確認。さわやか信州號 http://sawayaka.alpico.co.jp

松本的巴士公司

ALPICO交通

HP www.alpico.co.jp/traffic

● 高速巴士松本預約中心(8:00~20:00) ☎ 0263-35-7400

● 新島島營業所(6:00~20:00)… ☎ 0263-92-2511

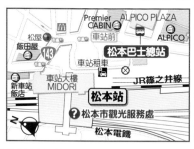

最新資訊・時刻表請看這裡

松本站 & 松本巴士總站

松本站為JR和松本電鐵的共同車站。前往7號月台即可轉搭上高地線。到松本巴士總站需從松本站城口步行3分。

---

② 區域內的移動以 松本站・高山濃飛巴士中心為交通據點

抵達松本站、高山站後,接下來基本上要搭乘路線巴士移動。松本有ALPICO交通的電車(上高地線)和路線巴士運行,高山則有濃飛巴士的路線巴士運行,以連接各個觀光地。

區間內的交通資訊 ⋯>20 Check!

電車・巴士時刻表

❶刊載內容為2017年度的資訊(2018已有新版本)。可能會因為改點或運費更改等原因而出現差異,出發前請事先確認。

❷巴士的時刻表僅刊載主要巴士站。

❸時間為平均所需時間,可能會因季節而有大幅度的變更,請特別留意。

從松本・新島島方向前往

在距離松本站只要步行3分鐘的松本巴士總站發車的直達巴士,只有開往上高地、新穗高高空纜車和高山等3處而已。而且前往上高地的巴士1天只有2班,因此基本上都會從松本站搭松本電鐵上高地線往新島島站,再從鄰接的新島島巴士總站搭乘路線巴士。新島島巴士總站也是前往乘鞍高原和白骨溫泉的出發和抵達站。

4月中旬~11月15日運行
松本~上高地 [ALPICO交通]

松本站・松本巴士總站~約30分~新島島站・新島島巴士總站~約40分~澤渡巴士總站~約30分~上高地巴士總站

			★		■		◆	◆										◆		
上高地方向	電車	松本站	4:45		6:31	7:16	8:00	8:42	9:21	10:10		10:45	11:28	12:09	12:44	13:28	14:07	14:46	15:26	16:06	16:45
		新島島站	5:09		7:01	7:49	8:30	9:12	9:51	10:40		11:15	11:58	12:39	13:14	13:58	14:37	15:17	15:57	16:36	17:15
	巴士	松本巴士總站			5:30						10:15										
		新島島巴士總站	5:20	6:00	7:15	8:00	8:40	9:35	10:10		10:55	11:35	12:10	12:50	13:30	14:15	14:45	15:25	16:10	16:45	17:25
		親子瀧	5:51	6:31	7:46	8:31	9:11	10:06	10:41		11:26	12:06	12:41	13:21	14:01	14:46	15:16	15:56	16:41	17:16	17:56
		澤渡巴士總站	5:59	6:39	7:54	8:39	9:19	10:14	10:49		11:34	12:14	12:49	13:29	14:09	14:54	15:24	16:04	16:49	17:24	18:04
		大正池	6:17	6:57	8:12	8:57	9:37	10:32	11:07		11:52	12:32	13:07	13:47	14:27	15:12	15:42	16:22	17:07	17:42	18:22
		上高地	6:25	7:05	8:20	9:05	9:45	10:40	11:15		12:00	12:40	13:15	13:55	14:35	15:20	15:50	16:30	17:15	17:50	18:30

					■	◆						◆		▲			◆		
松本方向	巴士	上高地		7:50	8:40	9:30	10:05	10:40	11:30		12:00	12:40	13:20	14:05	14:30	15:15	16:00	16:45	17:25	18:00	18:45
		澤渡巴士總站		8:15	9:05	9:55	10:30	11:05	11:55		12:25	13:05	13:45	14:30	14:55	15:40	16:25	17:10	17:50	18:25	19:10
		親子瀧		8:23	9:13	10:03	10:38	11:13	12:03		12:33	13:13	13:53	14:38	15:03	15:48	16:33	17:18	17:58	18:33	19:18
		新島島巴士總站		8:55	9:45	10:35	11:10	11:45	12:35		13:05	13:45	14:25	15:10	15:35	16:20	17:05	17:50	18:30	19:05	19:50
		松本巴士總站															17:35	18:20			
	電車	新島島站		9:19	10:08	10:53	11:26	12:07	12:52		13:26	14:05	14:45	15:25	16:04	16:43	17:23	18:01	18:42	19:11	20:10
		松本站		9:48	10:37	11:22	11:55	12:36	13:21		13:55	14:34	15:15	15:54	16:33	17:13	17:52	18:31	19:11	19:54	20:39

※松本~上高地間需在新島島轉車(部分班次除外)
※從上高地乘車時,除了乘車券之外,還需要乘車整理券 →參照P.27
※澤渡~上高地在左側時刻表之外還有其他接駁巴士運行

◆ =4/下旬~11/上旬
■ =7/中旬~8/下旬
★ =特定日運行 運行日請看官網(http://www.alpico.co.jp/traffic)或向ALPICO交通新島島營業所☎0263-92-2511洽詢
▲ =只有1號車開往松本巴士總站。2號車以後只開到新島島巴士總站

全年運行 (時刻表為4月中旬~11月15日的時間,冬季時刻表請上ALPICO交通官網確認)
松本~乘鞍高原・白骨溫泉 [ALPICO交通]

松本站~約30分~新島島站・新島島巴士總站~約60分~乘鞍高原~約30分~白骨溫泉

※縣道乘鞍線由於限制私家車通行,要前往乘鞍山頂方向需在「觀光センター前」巴士站轉搭接駁巴士(7月1日~10月31日運行)
※轉乘班次可能會因道路狀況而無法連接

			★		▲									
乘鞍高原・白骨溫泉方向	電車	松本站	4:45			7:16	8:19		10:10	11:28	12:09	13:28	14:46		16:45
		新島島站	5:09			7:49	8:52		10:40	11:58	12:39	13:58	15:17		17:15
	巴士	新島島巴士總站		5:18	6:05	8:05	9:00		10:55	12:10	12:50	14:10	15:30		17:25
		親子瀧		5:49	6:36	8:36	9:31		11:26	12:41	13:21	14:41	16:01		17:56
		觀光センター前		6:10	6:52	8:52	9:47		11:42	12:57	13:37	15:13	16:17		18:12
		スキー場前		6:11	6:53	8:53	9:48		11:43	12:58	13:38	15:14	16:18		18:13
		休暇村		6:16		8:58	9:53		11:48	13:03	13:43	15:19	16:23		
		白骨溫泉											16:53		

					■	▲									
松本方向	巴士	白骨溫泉											16:21		
		休暇村						9:22	10:12	12:07	13:27	14:07	16:07		
		スキー場前				7:24		9:27	10:17	12:12	13:32	14:12	16:12	16:46	18:22
		觀光センター前				7:25		9:28	10:18	12:13	13:33	14:13	16:13	16:47	18:23
		澤渡巴士總站				7:48		9:51							
		親子瀧				7:56		9:59	10:33	12:28	13:48	14:28	16:28	17:02	18:38
		新島島巴士總站				8:28		10:31	11:05	13:00	14:20	15:00	17:00	17:34	19:10
	電車	新島島站				8:40		10:53	11:26	13:26	14:45	15:25	17:23	18:01	19:25
		松本站				9:09		11:22	11:55	13:55	15:14	15:54	17:52	18:31	19:54

■ =7/中旬~8/中旬 ▲ =7/1~9/30 ★ =特定日運行
運行日請看官網(http://www.alpico.co.jp/traffic)或向ALPICO交通新島島營業所☎0263-92-2511洽詢

4月中旬~11月15日運行
松本・新島島~白骨溫泉(經由澤渡)[ALPICO交通]

松本站~約30分~新島島站・新島島巴士總站~約40分~澤渡~約15分~白骨溫泉~約5分~泡の湯

						轉乘●	
白骨溫泉方向	電車	松本站	8:00	13:28	14:07		14:46
		新島島站	8:30	13:58	14:37		15:17
		新島島巴士總站	8:40	14:10	14:45		15:30
	巴士	親子瀧	9:11	14:41	15:16		16:01
		アルピコ交通さわんど車庫前	9:21	14:51	15:26 アルピコ交通さわんど車庫前轉乘	經由乘鞍高原
		さわんど岩見平	9:22	14:52		16:08	16:48
		泡の湯					
		白骨溫泉	9:34	15:04		16:21	16:53
		泡の湯	9:39	15:09		16:26	

					轉乘●			
松本方向	巴士	白骨溫泉		9:20	10:21	15:33	16:21	17:13
		さわんど岩見平		9:30	10:32	15:44	經由乘鞍高原	17:24
		アルピコ交通さわんど車庫前轉乘		アルピコさわんど車庫前轉乘 9:31	10:33	15:45		17:25
		親子瀧		9:53	10:43	15:55	17:02	17:35
		新島島巴士總站		10:35	11:15	16:27	17:34	10:07
	電車	新島島站		10:53	11:26	16:43	18:01	18:42
		松本站		11:22	11:55	17:13	18:31	19:11

轉乘● アルピコ交通さわんど車庫前巴士站轉乘 ※新島島々15:30出發的班次為經由乘鞍高原的班次 ※轉乘班次可能會因道路狀況而無法連接

從高山・平湯溫泉方向前往

交通據點為鄰接高山站的高山濃飛巴士中心。以開往新穗高高空纜車的路線巴士為中心，前往上高地要在平湯溫泉（平湯巴士總站）轉搭接駁巴士；前往乘鞍山頂（疊平）則要在樸木平（ほおのき平）轉乘。奧飛驒溫泉鄉內可利用前往新穗高高空纜車的路線巴士。前往乘鞍高原時，要搭乘往松本的特急巴士在親子瀧換車；前往白骨溫泉則要在さわんど岩見平換車。

全年運行
高山～平湯溫泉～新穗高高空纜車 濃飛巴士

高山濃飛巴士中心～約55～60分～平湯溫泉～約36～45分～新穗高高空纜車

◆ =4/1～11/30
● =平日在町方換車

應召區間＝在這個區間若想搭乘前往新穗高的巴士需事先預約。預約請撥打濃飛巴士預約專線
☎0577-33-7780（濃飛巴士高山營業所）

(時刻表 — 新穗高方向 / 高山平湯方向，詳見原表)

其他路線
全年運行
高山～平湯溫泉（奧飛驒溫泉鄉）～松本 ALPICO交通・濃飛巴士

高山濃飛巴士中心～約55分～平湯溫泉～約1小時25分～松本巴士總站

※まるごとバリューきっぷ、高山＆新穗高自由乘車券等濃飛巴士的自由乘車券無法在ALPICO的交通班次使用，請特別注意。

從平湯溫泉往上高地、從樸木平往乘鞍山頂（疊平）的接駁巴士時刻表請看P.97！

特急：高山→松本

運行公司	濃飛巴士	濃飛巴士	濃飛巴士	濃飛巴士	ALPICO交通	ALPICO交通	ALPICO交通	ALPICO交通		
高山濃飛巴士中心	7:50	10:10		12:50		13:50	14:50	16:50		
新穗高高空纜車			11:30		13:40					
新穗高溫泉			11:31		13:41					
栃尾溫泉			11:42		13:52					
新平湯溫泉			11:44		13:54					
福地溫泉口			11:45		13:55					
平湯溫泉 到	8:40	11:00	12:00	13:40	14:10	14:40	15:40	17:40		
平湯溫泉 發	8:50	11:10	12:10	13:50	14:20	14:50	15:50	17:50		
中の湯	9:00	11:20	12:20	14:00	14:30	15:00	16:00	18:00		
さわんど岩見平	9:09	11:29	12:29	14:09	14:39	15:09	16:09	18:09		
親子瀧	9:17	11:37	12:37	14:17	14:47	15:17	16:17	18:17		
新島島巴士總站	9:45	12:05	13:05	14:45	15:15	15:45	16:45	18:45		
松本巴士總站	10:15	12:35	13:35	15:15	15:45	16:15	17:15	19:15		

● =7/中旬～8/中旬（冬季運行需確認）

特急：松本→高山

運行公司	ALPICO交通	ALPICO交通	ALPICO交通	ALPICO交通	濃飛巴士	濃飛巴士	濃飛巴士	濃飛巴士	濃飛巴士
松本巴士總站	7:50	10:00	10:40	11:05	13:05	14:05	14:55	17:05	
新島島巴士總站	8:20	10:30	11:10	11:35	13:35	14:35	15:25	17:35	
親子瀧	8:48	10:58	11:38	12:03	14:03	15:03	15:53	18:03	
さわんど岩見平	8:56	11:06	11:46	12:11	14:11	15:11	16:01	18:11	
中の湯	9:05	11:15	11:55	12:20	14:20	15:20	16:10	18:20	
平湯溫泉 到	9:15	11:25	12:15	12:30	14:30	15:30	16:20	18:30	
平湯溫泉 發	9:25	11:35		12:29	14:40	15:40	16:20	18:40	
福地溫泉口				12:44				16:39	
新平湯溫泉				12:45				16:41	
栃尾溫泉								16:44	
新穗高溫泉								16:59	
新穗高高空纜車								17:00	
高山濃飛巴士中心	10:15	12:25		13:30	15:30	16:30		19:30	

高山的巴士公司

濃飛巴士
HP www.nouhibus.co.jp

● 高山營業所（9:00～18:00）……☎0577-32-1160
● 平湯巴士總站（9:00～17:00）……☎0578-89-2351

高山站＆高山濃飛巴士中心

出了JR高山站左邊就是高山濃飛巴士中心。在此搭乘前往新穗高、松本方向的巴士。

4月中旬～11月15日運行
上高地～乘鞍高原・白骨溫泉 ALPICO交通

上高地巴士總站～約35分～親子瀧～約20分～乘鞍高原～約30分～白骨溫泉

(時刻表 — 上高地方向 / 乘鞍高原・白骨溫泉方向，詳見原表)

■ 7/中旬～8/中旬　◆ 4/下旬～11/上旬　※紅框以外的班次都需要轉乘
轉乘　在親子瀧轉乘
轉乘1　在澤渡轉乘　轉乘2　在アルピコ交通さわんど車庫前轉乘
轉乘3　在澤渡巴士總站轉乘　※轉乘班次可能會因道路狀況而無法連接

❸ 活用自由乘車優惠券!

如果想利用電車和巴士等大眾交通工具,規劃一趟屬於自己的旅程,建議可使用有優惠的自由乘車券。除了上高地、奧飛驒溫泉鄉、乘鞍高原、白骨溫泉的自由通行券之外,還有可從東京、名古屋、大阪等各方向開始使用的車票,不妨找出最適合自己行程的優惠票券吧!

⬆ 位於上高地的河童橋是此生必看一次的絕美景點

要去所有地區,就靠這一張!

信州·飛驒阿爾卑斯廣域通行券
10290日圓(冬季8800日圓)/4天
ALPICO交通·濃飛巴士

覺得光是上高地還不夠,想要連信州·飛驒都一起玩個痛快的人,推薦你這張通行券。可以在4天內於下圖中的ALPICO和濃飛巴士運行的電車·巴士路線間自由搭乘。另外,還有新宿出發的高速巴士搭配這張通行券的「まるまる信州·飛驒きっぷ」。新宿出發17480日圓,4天之內都有效。對從首都圈出發的人來說相當划算。

標準行程 ➡ P.23

從松本出發,周遊上高地·乘鞍

上高地·乘鞍 2日通行券
6000日圓/2天
ALPICO交通

這是可自由搭乘松本〜新島島之間的上高地線電車、連結松本〜上高地、乘鞍高原、白骨溫泉的路線巴士和接駁巴士,以及松本市近郊的路線巴士的2日通行券。可規劃第1天從松本前往乘鞍高原,再搭乘接駁巴士到疊平;第2天從乘鞍前往上高地的行程。可在白骨溫泉悠閒泡湯,也可在城下町·松本自由散步。

標準行程 ➡ P.23乘鞍高原·白骨溫泉

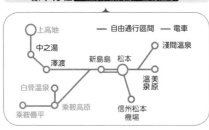

從高山出發,巡遊上高地·奧飛驒

上高地·奧飛驒まるごと·バリューきっぷ
高山出發7000日圓、平湯溫泉出發5450日圓/2天
濃飛巴士

這是高山或平湯溫泉(平湯巴士總站)〜新穗高溫泉間的濃飛巴士2日自由乘車券,加上平湯溫泉(平湯巴士總站)〜上高地間的接駁巴士來回車票的套票。此外也有將路線巴士的自由乘車券去除的開車方案(4550日圓)。另外,「上高地·奧飛驒套票」限定4月中旬〜11月中旬使用,但「奧飛驒套票」則全年皆可使用,高山出發5150日圓,平湯溫泉(平湯巴士總站)出發3600日圓。

標準行程 ➡ P.23奧飛驒溫泉鄉

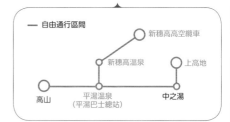

只在上高地遊玩

上高地ゆうゆうきっぷ
新宿·名古屋版8200日圓、大阪版7100〜9000日圓
ALPICO交通

這是從新宿、名古屋、大阪出發的高速巴士和松本〜上高地來回乘車券的套票。在新宿、名古屋、大阪各自的巴士站窗口均有販售,高速巴士需預約,可說是上高地觀光必備的期間限定優惠票券。從新宿出發的通用期間為7天,從名古屋、大阪出發的通用期間為4天。

標準行程 ➡ P.22

從富山經由平湯前往上高地

富山〜上高地 乘り継ぎ片道きっぷ
2800日圓
濃飛巴士

這是從北陸新幹線的富山站到平湯溫泉(平湯巴士總站),轉搭接駁巴士前往上高地的巴士單程優惠券。也有從上高地出發的單程優惠券。富山〜平湯溫泉(平湯巴士總站)間約2小時50分。富山發車的首班車為7:30,到上高地最快10:55抵達。販售期間為4月下旬〜11月下旬。

標準行程 ➡ P.22

奧飛驒溫泉鄉的溫泉巡訪

高山&新穗高2日 自由乘車券
4110日圓/2天
濃飛巴士

這是高山〜平湯溫泉〜新穗高溫泉的濃飛巴士2日自由乘車券。可在高山站的高山濃飛巴士中心購買。另外也有販售只在平湯溫泉(平湯巴士總站)〜新穗高溫泉區間使用的奧飛驒溫泉鄉2日自由乘車券(1540日圓),可在平湯溫泉(平湯巴士總站)購買。

標準行程 ➡ P.23奧飛驒溫泉鄉

在白骨溫泉·乘鞍度過悠閒時光

白骨溫泉、乘鞍高原 ゆうゆうきっぷ
新宿版8200日圓、名古屋版7600日圓
ALPICO交通

最適合想盡情遊玩充滿情懷的白骨溫泉和爽朗的乘鞍高原的人。這是新宿、名古屋到松本的高速巴士,搭配到乘鞍高原、白骨溫泉的電車、路線巴士的來回乘車券,是期間限定的優惠套票。從新宿出發的通用期間為7天,從名古屋出發的通用期間為4天。

標準行程 ➡ P.23白骨溫泉·乘鞍高原

套裝行程也很划算!

當地旅行社或巴士公司主辦的套裝行程交通費也很便宜,相當划算。由於來回交通和住宿全都包在內,可抱著輕鬆的心情前往旅行。可在目的地自由安排行程也是魅力之一。不妨找出適合自己的行程吧!

➡ 新穗高溫泉的大露天浴池

在乘鞍盡情遊玩!特定日運行的周遊巴士

乘鞍周遊バスフリー乘車券
1日自由乘車券500日圓、8〜10月的特定日運行
ALPICO計程車

可以搭乘只在特定日運行,以乘鞍觀光中心前的巴士站為起點,連結一之瀨園地、番所大瀑布、三本瀑布等乘鞍主要觀光地的周遊巴士「ノリノリ號」。也有前往白骨溫泉的班次,因此相當方便。
※無法搭乘新島島〜乘鞍高原間的路線巴士,以及乘鞍高原〜乘鞍山頂(疊平)的接駁巴士。

洽詢處
●ALPICO交通 松本巴士總站 ☎ 0263-32-0910　●濃飛巴士 高山營業所 ☎ 0577-32-1160
●ALPICO計程車 ☎ 0263-87-0555

數字、英文

5HORN	咖啡廳	43
Alpenrose	美食	38
Alum		81
Cafe do Koisyo	咖啡廳	35
Country House 溪山莊	住宿	85
FRUSIC	購物	70
Green Pot	咖啡廳	41·43
Grindelwald	咖啡廳	42
LittlePeaks	玩樂	82
Lobby Lounge	咖啡廳	42
maple	住宿	80
Mozumo旅館	住宿	58
Nature Plaza一之瀨	玩樂	74
Pension MADONNA	住宿	84
Primavera	美食	80
Restaurant La Riviere	美食	38
Restaurant Lake View	美食	39·42
Restaurant小梨	美食	41
Shirafune Grand Hotel	住宿	93
The GOSENJAKU	美食	40
Weston紀念碑	景點	30

日文假名

あざみ池	景點	74
あずさ庵	美食	38
あんき屋	美食	58
いちすけ	美食	62
おやすみ処 球道	美食	94
お食事処 いなかや	美食	58
カフェテリア トワ・サンク	咖啡廳	41·43
カフェブレイエル&ギャラリーやましろ	美食	52
グレンパークさわんど	美食	53
そば処 合掌	美食	81
そば処 杣乃家	美食	53
そば処中之屋	美食	81
つるや商店	購物	57
どじょう池	景點	75
ハム工房奧飛驒	購物	70
ふきのとう	美食	80
ふるさとむらエコー乘鞍	購物	83
まいめの池	景點	75
みちくさ食堂	美食	37
やまのらうんじ	美食	38·42
リバーテラス 香風音	美食	39
ロビーカフェ ル・ブラン	美食・咖啡廳	40·43

一劃～三劃

一之瀨園地	玩樂	74
三本瀑布	景點	72
上高地 明神館	住宿	36·51
上高地LEMEIESTA酒店	住宿	50
上高地阿爾卑斯商店	購物	39
上高地のおみやげ屋さん	購物	41·43
上高地巴士總站	景點	27·附錄正面
上高地白樺自然學校	玩樂	27
上高地白樺莊酒店	住宿	54
上高地西糸屋山莊	住宿	51
上高地阿爾卑斯飯店	住宿	49
上高地阿爾卑斯飯店餐廳	美食	41
上高地帝國飯店 禮品店	購物	45
上高地帝國飯店	住宿	46
上高地食堂	美食	39
上高地國家公園導覽	玩樂	27
上高地郵局	景點	附錄正面
上高地飯店	住宿	54
上高地溫泉飯店	住宿	50
上高地資訊中心	景點	附錄正面
上高地遊客中心	玩樂	27
上高地觀光中心	景點	附錄正面
大正池	景點	29
大正池飯店	住宿	49
大黑岳	景點	77
小梨之湯 笹屋	住宿	92
山のよろこび 旅館榮太郎	住宿	58
山水觀 湯川莊	住宿	92
山里草岡日式旅館	住宿	59
山旅舍 五千尺小木屋	住宿	48

四劃、五劃

中之湯溫泉旅館	住宿	53
中崎山莊 奧飛驒之湯	溫泉	63
五千尺小木屋食堂	美食	40
五千尺酒店	住宿	48
元湯 孫九郎	住宿	59
公路休息站 風穴の里	住宿	52
公路休息站 奧飛驒溫泉鄉上宝	購物	70
木漏れ日の湯	溫泉	54
水明館 佳留萱山莊	住宿	65
牛留池	景點	75
北阿爾卑斯大橋	景點	63
古池	景點	36
四季彩之宿 山吹	住宿	84
平湯大瀑布	景點	58
平湯巴士總站	景點	57
平湯農家直販市場	購物	56
民宿 栃尾莊	住宿	62
田代池	景點	29
田代橋	景點	29
田代濕原	景點	29
白骨惠比壽屋	住宿	93
白骨溫泉公共野天浴池	溫泉	90
白骨溫泉觀光服務處	景點	90
白船莊 新宅旅館	住宿	91
白樺小徑	景點	75

六劃～八劃

冰壁之宿 德澤園	住宿・美食	37·51
匠之宿 深山櫻庵	住宿	64
坂巻溫泉旅館	住宿	53
扭曲的樹幹	景點	74
奈賀勢	美食	61
岳澤濕原	景點	32
明神池	景點	33
明神橋	景點	34
松寶苑	住宿	60
河童の休憩所	購物	43
河童食堂	美食	40
河童橋	景點	30·32
泡焰旅館	住宿	91
肩之小屋	住宿	78
花心 万喜	住宿	61

九劃、十劃

美鈴莊溫泉旅館	住宿	85
飛驒路傳統日式旅館	住宿	65
飛驒山椒	購物	70
食堂カフェ よつば	美食	61
乘鞍BASE	玩樂	82
乘鞍巴士總站	景點	76
乘鞍岳山頂（劍峰）	景點	79
乘鞍觀光中心	景點	73
原田酒店	購物	70
料理旅館 奧飛驒山草庵 饗家	住宿	60
旅館 飛驒牛之宿	住宿	65
桂湯 丸永旅館	住宿	92
竜島溫泉せせらぎの湯	溫泉	52
純泡湯專門設施 泡湯 外湯	溫泉	94
荒神之湯	溫泉	62
蚕玉岳	景點	78

十一劃～十三劃

偲ぶの池	景點	75
梓湖畔の湯	溫泉	54
深山莊	住宿	64
深山莊別館 槍之鄉	住宿	63
善五郎瀑布	景點	75
富士見岳	景點	76
森之度假村小梨	玩樂	35
湯けむり館	溫泉	85
湯元 長座	住宿	59
湯元齋藤別館	住宿	93
湯元齋藤旅館	住宿	93
湯情之宿 建治旅館	住宿	61
番所大瀑布	景點	83
鄉夢之宿 山帽子	住宿	61
傳說之鄉 石動之湯	溫泉	59

奧飛驒

奧飛驒百姓座敷之宿 藤屋	住宿	60
奧飛驒農場	景點	62
奧飛驒熊牧場	玩樂	61
愛寶館	住宿	64
新穗高之湯	溫泉	57
新穗高高空纜車	玩樂	66
新穗高遊客中心「山樂館」	景點	67
新穗高遊客中心「山樂館」神寶乃湯	溫泉	67
溪流莊書繪旅館	住宿	53
溫泉民宿Hutte Hoshi	住宿	84
煤香庵	溫泉	94

十四劃以上

嘉門次小屋	住宿・美食	34
槍見之湯 槍見館	住宿	63
福地化石館	景點	59
福地溫泉朝市	購物	59
噴岩丘和球狀石灰石	景點	95
德澤	景點	37
德澤露營區	玩樂	37
橫尾大橋	景點	37
橫尾山莊	住宿・購物	37
澤渡國立公園迎客廳	景點	53
澤渡溫泉湯鄉公園	溫泉	54
螢之湯	溫泉	62
鴨蹠草旅莊	住宿	65
龍神瀑布	景點	95
穗高岳	景點	37
穗高屋	美食	63
穗高神社奧宮	景點	33
穗高橋	景點	29
鍋平高原	景點	67
雙色源泉 山水館信濃	住宿	85
瀧澤 民宿	住宿	63
藥師堂	景點	95
寶山莊	住宿	62
魔王岳	景點	77
鶴池	景點	76
鶴屋旅館	住宿	93
疊平	景點	76
杣乃家飯店	住宿	54

【 MM 哈日情報誌系列 15 】

上高地
乘鞍·奧飛驒溫泉鄉

作者／MAPPLE昭文社編輯部
翻譯／林琬清
校對／賴純如
編輯／林德偉
發行人／周元白
排版製作／長城製版印刷股份有限公司
出版者／人人出版股份有限公司
地址／23145 新北市新店區寶橋路235巷6弄6號7樓
電話／（02）2918-3366（代表號）
傳真／（02）2914-0000
網址／www.jjp.com.tw
郵政劃撥帳號／16402311 人人出版股份有限公司
製版印刷／長城製版印刷股份有限公司
電話／（02）2918-3366（代表號）
經銷商／聯合發行股份有限公司
電話／（02）2917-8022
第一版第一刷／2018年11月
定價／新台幣360元
　　　港幣120元

國家圖書館出版品預行編目（CIP）資料

上高地 乘鞍·奧飛驒溫泉鄉 ／MAPPLE昭文社編輯部作；
林琬清翻譯. ──
第一版.── 新北市：人人，2018.11
面；　公分. ──（MM哈日情報誌系列；15）
ISBN 978-986-461-160-7（平裝）

1.旅遊　2.日本長野縣　3.日本岐阜縣

731.7439　　　　　　　　　　　　　107015794